审计学题库及答案解析

主　编　吴先聪
副主编　崔东颖　马茜群

西南交通大学出版社
·成　都·

图书在版编目（ＣＩＰ）数据

审计学题库及答案解析 / 吴先聪主编. 一成都：
西南交通大学出版社，2019.1
ISBN 978-7-5643-6718-3

Ⅰ. ①审… Ⅱ. ①吴… Ⅲ. ①审计学－高等学校－题
解 Ⅳ. ①F239.0-44

中国版本图书馆 CIP 数据核字（2019）第 003368 号

审计学题库及答案解析

主编　吴先聪

责任编辑　罗爱林
封面设计　严春艳

出版发行　西南交通大学出版社
（四川省成都市二环路北一段 111 号
西南交通大学创新大厦 21 楼）
邮政编码　610031
发行部电话　028-87600564　028-87600533
网址　http://www.xnjdcbs.com
印刷　四川森林印务有限责任公司

成品尺寸　185 mm×260 mm
印张　12.75
字数　317 千
版次　2019 年 1 月第 1 版
印次　2019 年 1 月第 1 次
定价　35.00 元
书号　ISBN 978-7-5643-6718-3

前　言

　　审计是一门理论与实务紧密结合、多门学科交叉的综合性学科。审计理论的抽象性、审计实务的难接触性、审计学习内容的丰富性等特点增加了教师在审计课堂教学中的难度，同时也增加了学生在学习该门课程时对于知识点的理解和运用的难度。为了帮助学生更好地理解审计原理、感知审计实务、运用审计知识，我们根据《审计》（CPA）教材组织编写了这本《审计学题库及答案解析》，作为审计专业学生学习和考试的练习教材。

　　本书按照教学大纲的要求编写，以套题形式呈现，一共15套题。每套题有五种题型，分别为单项选择题（20道）、多项选择题（10道）、判断分析题（10道）、简答题（4道）、案例分析题（2道）。试题涉及的内容较广，覆盖了审计基本原理、审计测试流程、各类交易及账户余额的审计、完成审计工作与出具审计报告、质量控制和审计职业道德等，而且每道题均附有详细的答案及答案解析。本书注重将审计理论与实践相结合，注重知识融会贯通，并结合审计实务的特点，在每套题中增加了大量专业判断和职业怀疑情境的练习。

　　本书适用于申请审计专业硕士考试的学生复试备考用，也可以作为会计、审计及相关本科专业的审计学课程教学的配套复习资料，还可以作为从事实践工作的人员及参加审计教育培训人员的参考资料。

　　本书由吴先聪、崔东颖和马茜群编写。具体分工为：吴先聪负责教材的体系设计、总纂和定稿审核，以及判断分析题和简答题的编写；崔东颖负责案例题的编写；马茜群负责单项选择题和多项选择题的编写。

　　由于编者水平有限，加之时间仓促，尽管我们对书中内容已进行多次校对和修改，但仍然可能存在错误和不当之处，恳请广大读者批评指正。

编　者

2018 年 9 月

目　录

第一部分　试题

第二部分　参考答案及解析

第一部分　试题

第一套试题

一、单项选择题（下列每小题有 A、B、C、D 四个备选答案，只有一个符合题意，请将正确选项填入括号中。）

1. 重要性水平与审计证据呈（　　　　）。
   A. 反向关系
   B. 正向关系
   C. 正比关系
   D. 反比关系

2. 下列各项审计中，具有双向独立特征的是（　　　　）。
   A. 民间审计
   B. 国家审计
   C. 内部审计
   D. 政府审计

3. 在国外注册会计师审计的产生和发展中，审计主要目的是查错防弊的阶段是（　　　　）。
   A. 现代审计阶段
   B. 资产负债表审计阶段
   C. 会计报表审计阶段
   D. 详细审计阶段

4. 下列各项中，属于与各类交易事项有关的认定是（　　　　）。
   A. 存在性
   B. 计价和分摊
   C. 所有权
   D. 发生性

5. 在财务报表审计业务中，注册会计师计算的资产负债表、利润表的重要性水平分别为 8 万元、12 万元，则最终作为财务报表层次的重要性水平是（　　　　）万元。
   A. 8
   B. 11
   C. 10
   D. 12

6. 下列审计证据中，证明力最强的是（　　　　）。
   A. 管理当局声明书
   B. 领料单
   C. 应收账款函证回函
   D. 购货发票

7. 如果大额逾期的应收账款经第二次函证仍未回函，注册会计师应当执行的审计程序是（　　　　）。
   A. 增加对应收账款的控制测试
   B. 提请被审计单位增加坏账准备
   C. 审查应收账款明细账
   D. 审查顾客订货单、销售发票及产品出库记录等

8. 下列各项中，违反了分类认定的是（　　　　）。
   A. 把外单位寄存的商品记录在库存商品会计账簿中
   B. 将已发生的销售业务不登记入账

C. 将属于本年度的接近资产负债日的交易记录于下年度

D. 将出售固定资产所得的收入记入主营业务收入

9. 在注册会计师财务报表审计中，形成于审计过程，反映整个审计过程的是（　　　　）。

    A. 审计工作底稿　　　　　　　　　　B. 审计目标

    C. 审计工作质量　　　　　　　　　　D. 职业道德准则

10. 注册会计师对被审计单位实施销售截止测试，主要目的是为了检查（　　　　）。

    A. 年底应收账款的真实性

    B. 是否存在过多的销货折扣

    C. 销货业务的入账时间是否正确

    D. 销售退回是否已经核准

11. 审计最基本的职能是（　　　　）。

    A. 经济监督职能　　　　　　　　　　B. 经济调控职能

    C. 经济评价职能　　　　　　　　　　D. 经济鉴证职能

12. 审计按其目的和内容分类，可分为（　　　　）。

    A. 全部审计和局部审计

    B. 国家审计、内部审计和注册会计师审计

    C. 财务报表审计、经营审计和合规性审计

    D. 报送审计和就地审计

13. 验证存货账实是否相符，应对存货进行（　　　　）。

    A. 控制测试　　　　　　　　　　　　B. 重新计算

    C. 重新执行　　　　　　　　　　　　D. 监盘

14. 积极式函证通常不适用于（　　　　）。

    A. 有大量余额较小的明细账户　　　　B. 重大错报风险评估为高水平

    C. 预期存在大量的错误　　　　　　　D. 大额的应收账款

15. 某会计师事务所于 2017 年 3 月 16 日对 A 公司 2016 年度财务报表出具了审计报告，该审计报告副本作为审计档案应当（　　　　）。

    A. 永久保管　　　　　　　　　　　　B. 至少保存至 2027 年 3 月 16 日

    C. 至少保存至 2018 年 3 月 16 日　　　D. 至少保存至 2019 年 3 月 16 日

16. 以下对审计证据的表述不正确的是（　　　　）。

    A. 财务报表依据的会计记录一般包括对初始分录的记录和支持性记录

    B. 会计记录中含有的信息本身足以为对财务报表发表审计意见提供充分的审计证据

    C. 可用作审计证据的其他信息是从被审计单位内部或外部获取的会计记录以外的信息

    D. 财务报表依据的会计记录中包含的信息和其他信息共同构成了审计证据

17. 注册会计师了解被审计单位及其环境的目的是（　　　　）。

    A. 评估内部控制的有效性

    B. 降低重大错报风险

    C. 识别和评估财务报表重大错报风险

    D. 直接识别财务报表认定是否存在错报

18. 审计人员检查存货验收单日期与记账日期是否在同一时期，是为了证明（　　　　）。

A. 存货是否真实存在　　　　　　　B. 全部存货都已完整入账

C. 存货计价是否准确　　　　　　　D. 存货的所有权

19. 下列属于注册会计师禁止披露客户的有关信息的情况是（　　　　）。

A. 为法律诉讼准备文件　　　　　　B. 取得客户的授权

C. 监管机构依法进行的质量检查　　D. 出于第三方利益使用客户信息

20. 应收账款余额为 4 000 万元，注册会计师抽查样本发现金额有 200 万元的高估，高估部分为样本账面金额的 10%，据此注册会计师推断误差为（　　　　）。

A. 100 万元　　　　　　　　　　　B. 200 万元

C. 300 万元　　　　　　　　　　　D. 400 万元

二、多项选择题（下列每小题有 A、B、C、D 四个备选答案，有两个或两个以上符合题意，请将正确选项填入括号中。）

1. 关于注册会计师财务报表审计，以下理解中恰当的有（　　　　）。

A. 财务报表审计的用户是包括管理层在内的财务报表预期使用者

B. 财务报表审计的核心工作是围绕管理层认定获取和评价审计证据

C. 财务报表审计的目的是改变财务报表的质量，消除财务报表错报风险

D. 财务报表审计的基础是独立性和专业性，注册会计师应当独立于被审计单位和预期使用者

2. 假设 ABC 会计师事务所拟承接甲公司 2017 年度财务报表审计业务，X 注册会计师为审计项目合伙人。X 注册会计师为了与甲公司管理层就其 2017 年度财务报表审计的业务约定条款达成一致意见（审计业务约定书前），需要在（　　　　）方面开展初步业务活动。

A. 了解甲公司及其环境，包括了解甲公司内部控制

B. 实施与审计准则一致的关于对甲公司财务报表审计的质量控制程序

C. 评价事务所与审计项目组遵守职业道德要求的情况

D. 就甲公司 2017 年度财务报表审计业务与甲公司达成一致意见

3. 关于审计证据的含义，以下理解恰当的是（　　　　）。

A. 注册会计师仅仅依靠会计记录不能有效形成结论，还应当获取用作审计证据的其他信息

B. 注册会计师对财务报表发表审计意见的基础是会计记录中含有的信息

C. 如果会计记录是电子数据，注册会计师必须对生成这些信息所依赖的内部控制予以充分关注

D. 注册会计师将会计记录和其他信息两者结合在一起，才能将审计风险降至可接受的低水平，为发表审计意见提供合理基础

4. 关于审计抽样的特征，以下理解正确的是（　　　　）。

A. 对某类交易或账户余额中低于百分之百的项目实施审计程序

B. 审计抽样是为了获取审计证据证实控制活动运行是否有效或验证某一认定金额是否存在错报

C. 所有抽样单元均有被选取的机会

D. 针对总体进行分层，再选取样本

5. 关于注册会计师实施风险评估程序的目的，以下说法恰当的是（   ）。

   A. 识别和评估财务报表层次重大错报风险

   B. 识别和评估财务报表重大错报风险

   C. 评估审计风险

   D. 评估舞弊风险

6. 非标准审计报告包括（   ）。

   A. 带强调事项段的无保留意见的审计报告

   B. 带其他事项段的无保留意见的审计报告

   C. 无法表示意见的审计报告

   D. 否定意见的审计报告

7. 主营业务收入的审计目标包括（   ）。

   A. 证实营业收入的真实性

   B. 证实营业收入计价与分类的正确性

   C. 证实营业收入的完整性

   D. 证实营业收入的存在性

8. 下列各项中，属于内部控制要素的是（   ）。

   A. 控制环境   B. 风险评估过程

   C. 控制活动   D. 控制测试

9. 下列各项审计证据中，属于内部证据的是（   ）。

   A. 被审计单位已对外报送的财务报表

   B. 被审计单位提供的银行对账单

   C. 被审计单位律师关于未决诉讼的声明书

   D. 被审计单位管理层声明书

10. 在现金盘点过程中，正确的做法是（   ）。

   A. 事先不通知有关人员

   B. 参加盘点的人员除了审计人员以外只允许出纳员在场

   C. 参加盘点的财务部门主管、出纳、注册会计师必须在"库存现金监盘表"中签字

   D. 盘点范围一般包括企业各部门经管的现金

三、判断分析题（判断下列说法是否正确，若正确请在括号内打√，否则打×。如果不正确请说明理由。）

   1. 注册会计师制度产生于 17 世纪，其存在和发展应归结于企业所有权和经营权的分离，特别是股份有限公司的出现。   （   ）

      理由：

   2. 中国第一家会计师事务所是由潘序伦先生创办的立信会计师事务所。 （   ）

理由：

3. 注册会计师不得向企业提供代理记账和代理纳税服务。（　　　　）

　　理由：

4. 财务报表审计是指注册会计师对财务报表是否不存在重大错报提供合理保证，以积极方式提出意见，增强预期使用者对财务报表信赖的程度。（　　　　）

　　理由：

5. 审计的基础是专业性和可靠性。（　　　　）

　　理由：

6. 注册会计师的相关服务包括税务代理、代编财务信息、对财务信息执行商定程序等。（　　　　）

　　理由：

7. 公允性是指被审计单位的财务报表在所有方面公允地反映了被审计单位的财务状况、经营成果及现金流量。（　　　　）

　　理由：

8. 按照代理理论的观点，审计是保持经理人与股东利益最大化的控制器，其本质在于促进股东利益和经理人的利益都达到最大化。（　　　　）

　　理由：

9. 如果没有发生销售交易，但在销售日记账中记录了一笔销售，则违反了交易和事项的"存在"认定。（　　　　）

　　理由：

10. 资产负债表日后事项期间 A 公司董事会按照制定的利润分配方案分配了现金股利，注册会计师应提请被审计单位调整财务报表，分配股票股利时注册会计师应提请被审计单位披露。（　　　　）

　　理由：

四、简答题

1. 抽样风险的概念及影响因素有哪些？

2. 非抽样风险的概念及影响因素有哪些？

3. 审计证据的充分性和适当性的关系是怎样的？

4. A 注册会计师是 ABC 会计师事务所负责业务质量控制的主任会计师。2015 年年初，在制定本事务所业务质量控制政策与程序时，A 注册会计师遇到以下情况：

（1）事务所的质量控制政策与程序要求项目质量控制复核人员履行职责时不受项目合伙人职级的影响，在向项目合伙人质疑时也不必拘泥于工作资历。

（2）执行审计过程中，项目合伙人不得向项目质量控制复核人员咨询，以免妨碍项目质量控制复核人员履行职责。

（3）ABC 会计师事务所从上市实体甲公司收取的全部费用占其当年全部收费的比例已连续两年超过 20%。从 2015 年起，事务所拟在强化原有的项目质量控制复核的基础上，另行指派本所的其他项目质量控制复核人员执行意见后复核。

（4）乙公司不是上市实体，项目合伙人根据所了解的乙公司及其环境，将乙公司舞弊导致的重大错报风险评估为高水平，要求事务所对该项业务实施项目质量控制复核。

（5）丙公司审计项目组成员之间就该上市实体的某一重大事项存在意见分歧，项目质量控制复核负责人确认审计项目组已进行了专门咨询，认为没有必要实施其他复核程序。

（6）A注册会计师按事务所规定对质量控制制度实施了监控，并在监控结束后详细记录了监控中识别出的缺陷、对缺陷影响的评价以及是否针对缺陷采取行动和采取何种行动的依据。

要求：

分别针对上述情况（1）至（6），不考虑其他事项，指出是否存在不当之处。如认为存在不当之处，简要说明理由。

五、案例分析

1. ABC公司是化工业上市公司，DEF会计师事务所审计了ABC公司2016年度财务报表，并出具了无保留意见的审计报告。2017年6月1日，ABC公司拟聘请FZ会计师事务所审计2017年度财务报表。

FZ会计师事务所在接受业务委托前与DEF会计师事务所进行了沟通。DEF会计师事务所告知，ABC公司2016年年末受行业环境下行和产销模式影响，存货发生大幅减值，建议计提相应的减值准备。ABC公司管理层以2016年经营业绩不佳为由拒绝调整，并以解聘相威胁。由于DEF会计师事务所坚持要求调整，ABC公司最终接受了审计调整建议。

注册会计师了解到ABC公司2017年的相关情况如下：

有网民称ABC公司生产的A产品中有害化学成分含量较高，会对消费者健康造成不良影响。有超过2/3的网民对A产品的安全性担忧，且该负面影响持续时间尚不确定。

要求：

结合本案例资料，分析FZ会计师事务所在决定接受业务委托前，应当考虑哪些主要事项。

2. B公司是一家处于非高风险行业的非上市制造企业。C会计师事务所已多年为B公司进行年报审计。2017年，C会计师事务所确定的B公司的财务报表整体重要性为800万元。2017年，B公司的业务和内部控制较以前年度未发生重大变化，以前年度审计调整较少，且以前年度公司的内部控制未发现重大缺陷。C会计师事务所项目合伙人通知现场项目经理，B公司执行重要性水平的经验百分比需在50%或75%中选择其一；明显微小错报的经验百分比需在3%或5%中选择其一。

要求：

请确定B公司2017年实际执行的重要性水平和明显微小错报，并说明理由。

第二套试题

一、单项选择题（下列每小题有 A、B、C、D 四个备选答案，只有一个符合题意，请将正确选项填入括号中。）

1. 审计工作底稿归档期限为审计报告日后的（　　　　）。
   A. 60 天内　　　　　　　　　　　　B. 10 天内
   C. 100 天内　　　　　　　　　　　D. 90 天内

2. 以下不属于分析程序的是（　　　　）。
   A. 把被审计单位的数据与同行业数据进行比较
   B. 把被审计单位的数据与前期同类数据进行比较
   C. 把被审计单位的数据与审计师预期结果进行比较
   D. 把财务报告数据与原始凭证进行比较

3. 以下为对资产存在认定获取审计证据的是（　　　　）。
   A. 从发票到账簿　　　　　　　　　B. 从账簿到凭证
   C. 从尚未记录的项目到财务报表　　D. 从财务报表到尚未记录的项目

4. 下列哪种情况，最能表明被审计单位存在经营业绩夸大风险的是（　　　　）。
   A. 销售人员奖金与销售业绩挂钩
   B. 营业收入比上年有小幅度上升
   C. 营业成本比上年有大幅度下降
   D. 仓储部门职工人数增加了 40%

5. 注册会计师审计方法的调整，主要是随着（　　　　）。
   A. 审计环境的变化　　　　　　　　B. 审计关系的变化
   C. 审计人员的变化　　　　　　　　D. 审计责任的变化

6. 毛利率的波动可能意味着（　　　　）。
   A. 固定制造费用比重较小时销量发生变动
   B. 销售额与销售成本同比例上升
   C. 销售价格的波动
   D. 销售额与销售成本同比例下降

7. 我国第一家社会审计组织的创办人是（　　　　）。
   A. 潘序伦　　　　　　　　　　　　B. 谢霖
   C. 徐永祚　　　　　　　　　　　　D. 奚玉书

8. 审计机关自收到审计报告之日起将审计意见书和审计决定送达被审计单位和有关单位

的期限是（　　　　）。

    A. 30 天   B. 10 天   C. 9 天   D. 15 天

9. 审计人员通过分析存货周转率最有可能证实的认定是（　　　　）。

    A. 计价和分摊   B. 权利和义务

    C. 存在或发生   D. 表达与披露

10. 下列审计证据中，其证明力由弱到强排列的是（　　　　）。

    A. 注册会计师自编的分析表、购货发票、销货发票、管理当局声明书

    B. 购货发票、销货发票、注册会计师自编的分析表、管理当局声明书

    C. 管理当局声明书、销货发票、购货发票、注册会计师自编的分析表

    D. 注册会计师自编的分析表、销货发票、管理当局声明书、购货发票

11. 下列各项随机选样方法中，确定了第一个号码后，以后各个样本号码也就随之全部确定的是（　　　　）。

    A. 系统选样   B. 随机数表选样

    C. 分层选样   D. 编号选样

12. 由于公司建立的内部控制只能为会计报表的公允性提供合理保证，并且存在着固有限制，所以，审计风险模型的控制风险始终（　　　　）。

    A. 大于零   B. 小于零

    C. 大于 1   D. 小于 1

13. 会计报表的合法性是指符合（　　　　）和相关会计制度的规定。

    A. 证券法   B. 经济法

    C. 企业会计准则   D. 会计法

14. 注册会计师执行财务报表审计业务获取的下列审计证据中，可靠性最强的证据是（　　　　）。

    A. 应收账款函证回函   B. 入库单

    C. 车间领料单   D. 采购合同副本

15. 在审计实务中，对质量控制制度承担最终责任的是（　　　　）。

    A. 项目经理   B. 主任会计师

    C. 签字注册会计师   D. 会计师事务所质量控制委员会

16. 下列具有不可替代性的审计程序是（　　　　）。

    A. 应收账款函证   B. 面询固定资产的使用状况

    C. 应付账款函证   D. 存货监盘

17. 下列各项中，被审计单位违反计价与分摊认定的是（　　　　）。

    A. 将未发生的销售业务入账   B. 未将作为抵押的汽车披露

    C. 未计提坏账准备   D. 将未发生的费用登记入账

18. 下列符合适当的职责分离要求的是（　　　　）。

    A. 负责应收账款记账的职员负责编制银行存款余额调节表

    B. 出纳人员不能同时负责现金日记账

    C. 在销售合同订立前，由专人就销售价格、信用政策、发货及收款方式等具体事项
       与客户进行谈判

D. 应收票据的取得、贴现和保管由某一会计专门负责

19. 不定期审计一般适用于（　　　　　）。

A. 财务报表的初次审计　　　　　　　B. 财经法纪审计

C. 财务报表的继续审计　　　　　　　D. 年度决算审计

20. 审计人员获取的被审计单位有关人员口头答复所形成的书面记录，属于（　　　　　）。

A. 书面证据　　　　　　　　　　　　B. 口头证据

C. 实物证据　　　　　　　　　　　　D. 环境证据

二、多项选择题（下列每小题有 A、B、C、D 四个备选答案，有两个或两个以上符合题意，请将正确选项填入括号中。）

1. 下列说法正确的是（　　　　　）。

A. 注册会计师通过获取充分、适当的审计证据将审计风险降至可接受的低水平，以获取绝对保证

B. 审计是指注册会计师对财务报表是否不存在重大错报提供合理保证，以积极方式提出意见，增强除管理层之外的预期使用者对财务报表信赖的程度

C. 审计证据是指注册会计师为了得出审计结论、形成审计意见而使用的所有信息，包括构成财务报表基础的会计记录所含有的信息和其他信息

D. 控制测试的目的是获取审计证据证明某认定是否存在重大错报

2. 控制活动包括与（　　　　　）相关的活动。

A. 授权　　　　　　　　　　　　　　B. 业绩评价

C. 信息处理　　　　　　　　　　　　D. 实物控制

3. 在实务中，注册会计师可作为重要性水平基准的是（　　　　　）。

A. 资产总额　　　　　　　　　　　　B. 销售收入

C. 费用总额　　　　　　　　　　　　D. 负债总额

4. 审计报告中，必须说明管理层对财务报表的责任。下列属于管理层对财务报表的责任的是（　　　　　）。

A. 选择和运用恰当的会计政策

B. 设计、实施和维护与财务报表编制相关的内部控制

C. 对财务报表发表审计意见

D. 作出合理的会计估计

5. 下列各项中，不属于注册会计师审计"其他责任"职业道德的是（　　　　　）。

A. 不得对未来事项可实现程度作出保证

B. 不得以不正当手段与同行争揽业务

C. 不限制外地事务所在本地承接业务

D. 不允许他人借用本人、本所的名义承接业务

6. 在确定审计证据的相关性时，下列事项中属于注册会计师应当考虑的是（　　　　　）。

A. 从外部独立来源获取的审计证据比其他来源获取的审计证据更可靠

B. 只与特定认定相关的审计证据并不能替代与其他认定相关的审计证据

C. 特定的审计程序可能只为某些认定提供相关的审计证据，而与其他认定无关

D. 针对同一项认定可以从不同来源获取审计证据或获取不同性质的审计证据

7. 下列关于函证审计程序的表述，正确的是（   ）。

  A. 应收账款函证是重要的审计程序

  B. 应付账款函证是非必要的审计程序

  C. 预付款项的函证效果要比预收款项的好

  D. 积极式函证成本要低于消极式函证成本

8. 函证应付账款时，下列对象中应该考虑的是（   ）。

  A. 较大金额的债权人   B. 企业重要供货人

  C. 较小金额的债权人   D. 上年度的债权人及不送对账单的债权人

9. 内部控制的目标不包括（   ）。

  A. 审计风险处在低水平   B. 经营的效率和效果

  C. 财务报告的可靠性   D. 在所有经营活动中遵守法律法规的要求

10. 下列各项中，属于审计业务约定书基本内容的是（   ）。

  A. 审计范围   B. 审计收费

  C. 审计计划   D. 审计责任

三、判断分析题（判断下列说法是否正确，若正确请在括号内打√，否则打×。如果不正确请说明理由。）

1. 财务报表审阅所需的证据数量比财务报表审计更多。 （   ）

  理由：

2. 审计署是注册会计师行业的主管部门。 （   ）

  理由：

3. 审计业务要素包括审计业务的三方关系、财务报表、财务报表编制基础、审计证据和审计报告。 （   ）

  理由：

4. 财务报表审计可以减轻管理层或治理层的责任。 （   ）

  理由：

5. 财务报表的预期使用者不包括政府部门。 （   ）

  理由：

6. 评估的重大错报风险越高，需要的审计证据可能越多；审计证据的质量越高，所需要的审计证据可能越少。 （   ）

  理由：

7. 独立性是审计的本质特征和灵魂所在。 （   ）

  理由：

8. 注册会计师审计受到鉴证客户降低收费的压力而不得不缩小工作范围，这种做法不会影响审计的独立性。 （ ）

理由：

9. 在确定审计收费金额并写入业务约定书之后，即使发生了与预期情况不同的事项，收费金额也不得变动，否则就属于或有收费方式，将损害事务所的独立性。 （ ）

理由：

10. 注册会计师若与被审计单位的某位员工有亲属关系，就不得执行该客户的审计业务。 （ ）

理由：

四、简答题

1. 与各类交易和事项、期末账户余额、列报和披露分别相关的认定有哪些？

2. 内部控制的局限性有哪些？

3. 初步业务活动的目的和内容有哪些？

4. 甲银行是 ABC 会计师事务所 2015 年年初新发展的审计客户。XYZ 会计师事务所是 ABC 事务所的网络事务所。A 注册会计师担任甲银行 2015 年度财务报表审计业务的项目合伙人。假定存在以下与职业道德相关的情况：

（1）甲银行是乙银行的竞争对手。ABC 会计师事务所认为乙银行不是本所的客户，双方之间也不存在任何其他关系，没有必要向甲银行告知乙银行是 XYZ 会计师事务所的审计客户这一情况。

（2）接受委托后，甲银行破例批准了 ABC 事务所提出的借款申请。考虑到借款金额重大，ABC 会计师事务所拟聘请 XYZ 会计师事务所再次实施项目质量控制复核，以便将对独立性产生的不利影响降低到可接受水平。

（3）ABC 会计师事务所 2015 年与甲银行信贷部达成合作协议：甲银行信贷部向 ABC 会计师事务所推荐审计客户并参与对客户工作底稿的复核，ABC 会计师事务所向甲银行支付 30%的审计费用。

（4）甲银行 2010—2014 年度财务报表一直由 DEF 会计师事务所实施审计，D 注册会计师担任项目合伙人。2015 年，D 注册会计师加入 ABC 会计师事务所，负责对该项业务实施项目质量控制复核。

（5）从 2013 年起，ABC 事务所每年从甲银行总行及甲银行多家姐妹实体中收取鉴证及服务费用占其年收入的比例均达到 15%，但从甲银行收取的全部费用占年收入的比例不足 5%。ABC 事务所认为没有必要考虑对甲银行独立性的影响。

（6）执行外勤审计期间，甲银行与地方税务机构发生重大税务纠纷。A 注册会计师没有同意甲银行提出的在仲裁中担任辩护人的要求，但同意由 ABC 会计师事务所指派项目组以外的人员协助甲银行提供背景材料并分析相关税收问题，由管理层承担责任。

要求：

分别考虑上述事项（1）至（6），不考虑其他情况，指出所述事项是否符合中国注册会计师职业道德守则的相关规定。如认为不符合，简要说明理由。

五、案例分析

1. A 会计师事务所负责 B 公司 2016 年年报审计。B 公司主要从事能源装备行业所需产品的研发、生产与销售。公司产品主要用于石油等能源的钻采。全球原油价格自 2015 年 7 月开始大幅下挫，跌幅超过 60%，油气行业呈现下行趋势。该公司销售费用主要由运费、促销费、工资和差旅费构成，其中 2016 年运费较 2015 年下降明显。通过 2016 年预审了解到本期 B 公司的存货开始出现积压的情况。2016 年部分在建工程完工转为固定资产，固定资产按年度预算完成采购新增。部分短期借款到期偿还，未有大额新增的短期借款。营业收入和营业成本的变动主要由主营业务收入和主营业务成本的变化引起。毛利率基本维持稳定。资产负债表和利润表节选如表 1 所示。

表 1 资产负债表和利润表节选   单位：万元

会计报表项目	2015 年已审数	2016 年未审数
营业收入	38 000	30 000
营业成本	28 000	23 000
销售费用	7 500	6 500
财务费用	5 000	2 000
存货	23 000	29 000
应收账款	35 000	28 000
货币资金	70 000	60 000
固定资产	45 000	45 800
在建工程	1 300	1 000
短期借款	30 000	15 000

要求：

（1）根据已有资料，计算出每一个科目的变动金额和变动比率。

（2）请结合问题（1）中的计算结果，就每个科目变动分析原因，并逐项指出是否识别到异常情况。

2. 建筑行业上市公司甲公司委托 ABC 会计师事务所对其 2017 年度财务报表实施审计。A 注册会计师担任项目现场负责人。双方已于 2017 年 9 月签订了审计业务约定书。其他相关情况如下：

（1）A 注册会计师将与甲公司某重大会计问题相关的审计工作底稿发给其大学审计理论与实务课老师，并就具体问题与其进行了讨论。

（2）ABC 会计师事务所与甲公司就审计收费达成如下协议：如发表标准无保留意见，审计收费 120 万元，如出具否定意见和无法表示意见，审计收费为 50 万元。

（3）ABC 会计师事务所参与甲公司审计项目的每位项目组成员均接受了甲公司在年审期

间赠送的一份价值数千元的明前特级西湖龙井茶叶礼盒。

（4）项目组签字注册会计师的母亲是甲公司的董事长兼总经理。

（5）承接业务后，ABC 会计师事务所审计项目合伙人立即要求本事务所人力资源部门协助审计项目组招聘建筑行业会计与审计方面的专家，以保证审计项目组人员具备足够的专业胜任能力。

要求：

针对上述（1）至（5）项，分别指出 ABC 会计师事务所是否违反《中国注册会计师职业道德守则》，并简要说明理由。

第三套试题

一、单项选择题（下列每小题有 A、B、C、D 四个备选答案，只有一个符合题意，请将正确选项填入括号中。）

1. 独立审计是按照（　　　　）计划和实施审计工作的。
   A. 注册会计师法
   B. 独立审计准则
   C. 财务会计法规
   D. 会计准则

2. 与"存在或发生"认定相对应的一般审计目标是（　　　　）。
   A. 真实性
   B. 完整性
   C. 截止
   D. 计价

3. 会计师事务所应当倡导与培育企业内部文化的导向是（　　　　）。
   A. 市场
   B. 质量
   C. 营利
   D. 业绩

4. 可口可乐公司规定，只有正副董事长持有的两把钥匙才能打开内置神秘配方的保险柜，此项措施属于内部会计控制中的（　　　　）。
   A. 职责分工控制
   B. 授权控制
   C. 资产接触与记录使用控制
   D. 会计记录控制

5. 控制风险评价太低，将使注册会计师可能没有执行足够的实质性测试，进而导致审计（　　　　）。
   A. 无效率
   B. 无效果
   C. 无效率，无效果
   D. 有效果，无效率

6. 注册会计师对固有风险和控制风险的估计水平与所需审计证据的数量（　　　　）。
   A. 呈同向变动关系
   B. 不存在关系
   C. 呈反向变动关系
   D. 呈比例变动关系

7. 下列各项中，属于永久性档案的是（　　　　）。
   A. 应收账款账龄分析表
   B. 审计报告书副本
   C. 内部控制问卷调查表
   D. 存货监盘表

8. 在进行年度会计报表审计时，为了证实被审计单位在临近 12 月 31 日签发的支票未予入账，注册会计师实施最有效的审计程序是（　　　　）。
   A. 审查 12 月 31 日的银行对账单
   B. 函证 12 月 31 日的银行存款余额
   C. 审查 12 月 31 日的银行存款余额调节表
   D. 审查 12 月份的支票存根

9. 注册会计师采用风险评估程序了解被审计单位及其环境的时间是（　　　　）。

A. 在承接审计业务和续约时　　　　　　B. 贯穿于整个审计过程的始终

C. 在进行期中审计时　　　　　　　　　D. 在进行审计计划时

10. 在对应付债券进行实质性程序时，注册会计师应当（　　　　）

    A. 审查应付债券业务会计处理的及时性、完整性

    B. 审查营业费用明细账

    C. 审查债券持有人明细账是否由专人保管

    D. 审查应付债券原始凭证保管人同会计记录人员是否职责分离

11. 下列选项中，与被审计单位财务报表层次重大错报风险评估最相关的是（　　　　）。

    A. 被审计单位应收账款周转率呈明显下降趋势

    B. 被审计单位的生产成本计算过程相当复杂

    C. 被审计单位持有大量高价值且易被盗窃的资产

    D. 被审计单位控制环境薄弱

12. 监盘库存现金是注册会计师证实被审计单位资产负债表所列现金是否存在的一项重要程序，被审计单位必须参加库存现金盘点的人员是（　　　　）。

    A. 会计主管人员和内部审计人员　　　　B. 出纳员和内部审计人员

    C. 现金出纳员和银行出纳员　　　　　　D. 出纳员和会计主管

13. 下列选项中，为获取适当审计证据所实施的审计程序与审计目标最相关的是（　　　　）。

    A. 对已盘点的被审计单位存货进行检查，将检查结果与盘点记录核对，以确定存货的计价准确性

    B. 从被审计单位销售发票中选取样本，追查至对应的发货单，以确定销售的完整性

    C. 复核被审计单位编制的银行存款余额调节表，以确定银行存款余额的正确性

    D. 实地观察被审计单位的固定资产，以确定固定资产的所有权

14. 下列选项中，被审计单位违反计价和分摊认定的是（　　　　）。

    A. 将未发生的费用登记入账　　　　　　B. 将未作为抵押的汽车披露

    C. 未计提坏账准备　　　　　　　　　　D. 将未发生的销售业务入账

15. 以下不属于通常包含在当期档案中的信息的是（　　　　）。

    A. 审计方案　　　　　　　　　　　　　B. 工作试算平衡表

    C. 调整分录和重分类分录　　　　　　　D. 内部控制流程图

16. 实物证据通常证明（　　　　）。

    A. 实物资产的所有权　　　　　　　　　B. 实物资产的计价准确性

    C. 实物资产是否存在　　　　　　　　　D. 实物资产的完整性

17. 在申请复审期间，原审计结论和决定可以（　　　　）。

    A. 照常执行　　　　　　　　　　　　　B. 暂停执行

    C. 部分执行　　　　　　　　　　　　　D. 不执行

18. 如果审计人员怀疑被审计单位存在向虚构的顾客发货并作为销售业务入账的行为，则应执行的最有效的交易实质性测试程序是（　　　　）。

    A. 核对主营业务收入明细账中的分录与销售单中的赊销审批和发运审批

    B. 将发运凭证与存货发运分录核对

C. 核对发运凭证与相关的销售发票和主营业务收入明细账及应收账款中的分录

D. 复核主营业务收入总账、明细账以及应收账款明细账中的大额或异常项目

19. 如果审计人员已从被审计单位的某开户银行获取了银行对账单和所有已付支票清单，该审计人员（　　　　）。

A. 无须再向该银行函证

B. 可根据需要，确定是否向该银行函证

C. 根据审计业务约定书的要求，确定是否向该银行函证

D. 仍需向该银行函证

20. 某项专利技术法律保护期 15 年，可受益 10 年，在 11 年内领先市场，其摊销年限为（　　　　）。

A. 12 年

B. 10 年

C. 10 年

D. 不超过 10 年

二、多项选择题（下列每小题有 A、B、C、D 四个备选答案，有两个或两个以上符合题意，请将正确选项填入括号中。）

1. 下列各情况中，影响会计师事务所和注册会计师独立性的是（　　　　）。

A. 注册会计师的父亲拥有被审计单位 1 200 股股票

B. 注册会计师的弟弟是被审计单位的副董事长

C. 注册会计师的中学同学是被审计单位的一名汽车驾驶员

D. 会计师事务所的办公用房是向被审计单位租用的

2. 下列各项中，不属于注册会计师总体审计计划审核事项的是（　　　　）。

A. 审计程序能否达到审计目标

B. 审计程序能否适合各审计项目的具体情况

C. 对审计重要性的确定和审计风险的评估是否恰当

D. 重点审计程序的制定是否恰当

3. 审计工作底稿的复核中，能作为复核人的是（　　　　）。

A. 业务助理人员

B. 项目经理

C. 签字注册会计师

D. 所长

4. 下列注册会计师的行为中，违反了职业道德规范的是（　　　　）。

A. 对自己的能力进行广告宣传

B. 不以个人名义承接一切业务

C. 承接了主要工作由其他专家完成的业务

D. 按服务成果的大小进行收费

5. 下列关于注册会计师过失的说法，正确的是（　　　　）。

A. 普通过失是指注册会计师没有完全遵循专业准则的要求

B. 注册会计师一旦出现过失就要赔偿损失

C. 过失是指在一定条件下，缺少应具有的合理谨慎

D. 重大过失是指注册会计师没有按专业准则的基本要求执行审计

6. 下列关于财务报表层次重大错报风险的说法，正确的是（　　　　）。

A. 与财务报表整体广泛相关

B. 与特定的各类交易、账户余额、列报的认定相关

C. 可能影响多项认定

D. 很可能源于薄弱的控制环境

7. 下列选项中，属于生产与存货循环内部控制的是（   ）。

    A. 生产过程中存货的内部控制   B. 工薪的内部控制

    C. 对产品成本进行记录与控制的成本会计控制   D. 固定资产的内部控制

8. 下列各项中，属于财经法纪审计与财务审计主要区别的是（   ）。

    A. 两者的审计目的不同   B. 两者的审计程序不同

    C. 两者的审计对象不同   D. 两者的责任人不同

9. 下列有关经济效益审计的说法，正确的是（   ）。

    A. 经济效益审计的对象是被审计单位的业务经营活动和管理活动

    B. 经济效益审计的目的在于提高企业的经济效益

    C. 经济效益审计更强调事前审计的作用

    D. 经济效益审计的结论具有法律效力

10. 内部审计人员工作的独立性，应包括（   ）。

    A. 独立地接受委托   B. 独立地编制审计计划

    C. 独立地进行调查   D. 独立地表达审计意见

三、判断分析题（判断下列说法是否正确，若正确请在括号内打√，否则打×。如果不正确请说明理由。）

1. 计价与分摊是审计期间各类交易和事项相关的认定之一。   （   ）

    理由：

2. 发生和完整性两者强调的是相反的关注点，发生目标针对多记、虚构交易，而完整性目标则针对漏记交易。   （   ）

    理由：

3. 独立性包括形式上的独立和实质上的独立。   （   ）

    理由：

4. 职业怀疑对注册会计师发现舞弊、防止审计失败没有帮助。   （   ）

    理由：

5. 审计风险可以分为固有风险和控制风险。   （   ）

    理由：

6. 控制风险取决于审计程序设计的合理性和执行的有效性。   （   ）

    理由：

7. 以审查账表上的会计事项为主线的审计，称为账项审计。   （   ）

    理由：

8. 风险导向审计能够满足审计人员降低成本的需要和缩小客户的期望差。（   ）

理由：

9. 风险导向审计不对内部控制系统进行评价，而是评价企业的生产经营等外部环境。

（   ）

理由：

10. 在审查某个项目时，通过调整有关数据，从而求得需要证实的数据的方法是鉴证法。

（   ）

理由：

四、简答题

1. 简述控制测试与实质性程序的区别。
2. 简述审计风险模型。
3. 确定重要性基准时需要考虑的因素有哪些？
4. ABC 会计师事务所负责审计甲公司 2015 年度财务报表，审计工作底稿中与函证相关的部分内容摘录如下：

（1）审计项目组要求甲公司提供其在所有开户银行的银行账户明细清单，审计项目组必须对银行账户明细清单中的每一开户银行实施函证，确保函证覆盖率达到 100%。

（2）审计项目组针对甲公司应付账款可能存在多笔未入账的情况，计划对应付账款实施函证程序，因此从截止到 2015 年 12 月 31 日的应付账款明细表中选择重要的询证对象。

（3）审计项目组针对甲公司与其母公司的重大关联方交易合同，考虑到对财务报表带来的错报风险比较高，因此函证了本年度与其母公司发生的每一笔应收账款交易金额，未发现异常，注册会计师认为结果满意。

（4）注册会计师尽管收到某银行询证函回函，但是通过对银行的跟进访问，发现该银行提供给注册会计师的函证结果与甲公司银行账面记录不一致。审计项目组再次审核从该银行获得的信用记录，查看是否加盖该银行公章，以证实是否存在甲公司没有记录的贷款、担保、开立银行承兑汇票、信用证、保函等事项。审计项目组消除了对甲公司银行存款、借款等事项存在舞弊迹象的疑虑。

（5）审计项目组为避免询证函被甲公司拦截、篡改等舞弊风险，在邮寄询证函时，在具体核实由甲公司提供的被询证者的联系方式后，未使用甲公司的邮寄设施，而是直接在邮局投递询证函。

（6）审计项目组针对甲公司的丁客户采用电子形式发函，并及时取回询证函。

要求：

（1）针对上述第（1）至（5）项，逐项指出审计项目组的做法是否恰当，并简要说明理由。
（2）写出审计项目组针对电子形式获取的回函应当实施的审计程序。

五、案例分析

1. A 会计师事务所接受 B 公司的委托，对 B 公司 2017 年度财务报表进行审计。B 公司为高铁制造企业，产品销往世界多个国家和地区。但国内产品销售收入依然占其整体收入的75%左右。该企业规模较大，销售涉及海内外，现金流量较大，货币资金涉及外币。

根据以前年度审计经验，库存现金未有重大调整项目。公司库存现金限额的管理制度要求超过库存限额的现金应及时存入银行。B公司库存现金既包括人民币也包含少量兑换的外币。出纳不定期对库存现金进行盘点。

B公司银行账户开设多，包括人民币账户和外币账户。但银行存款项目的未达账项调整金额重大。B公司货币资金内部控制制度较为完善，以前年度未发现重大内部控制缺陷。假设2017年A会计师事务所在对B公司进行初步了解后未发现其他重大的有关货币资金的异常情况。

要求：

（1）在计划阶段根据以上公司信息，评估B公司库存现金科目的重大错报风险，说明理由并指出注册会计师可能计划实施的进一步审计程序。

（2）在计划阶段根据以上公司信息，评估B公司银行存款科目的重大错报风险，说明理由并指出注册会计师可能计划实施的进一步审计程序。

2. XT电气银行存款审计

北京XH会计师事务所对XT电气IPO期间、2013年和2014年财务报表审计时未勤勉尽责，出具的审计报告存在虚假记载。经证监会调查，XH会计师事务所在对XT电气2013年货币资金进行审计时，未对丹东市商业银行账户发出询证函，也未在审计工作底稿中说明原因。

XT电气曾因应收账款余额过大和持续盈利能力不足等问题造成首次上市没有通过，为此公司更换了保荐机构。在公司治理层面，温×作为XT电气董事长和公司实际控制人掌握公司命脉，而中小股东持股较为分散。XT电气董事长温×在证监会给予强制退市的处罚后，申请了行政复议，他认为自己的造假行为并不构成欺诈发行，所以"罪不至死"，不应退市。"我连营业收入都没有造假，只是在流水上造了点假，就像原来利润5万元，我把他记成6万元一样。"在接受记者采访时温×这样对记者说道。

要求：

（1）请简要回答XT电气舞弊的成因。

（2）本案例中，XH会计师事务所针对丹东市商业银行账户应执行的审计程序是什么？并说明原因。

第四套试题

一、单项选择题（下列每小题有 A、B、C、D 四个备选答案，只有一个符合题意，请将正确选项填入括号中。）

1. 无法支付或无须支付的应付账款应记入（　　　　）。
   A. 营业外收入
   B. 资本公积
   C. 财务费用
   D. 其他业务收入

2. "存在与发生""完整性"的认定，分别与以下财务报表要素有关的是（　　　　）。
   A. 低估和低估
   B. 高估和低估
   C. 低估和高估
   D. 高估和高估

3. 从编号 001—200 的凭证中抽取 20 张进行审计，假定以 027 号为随机起点，采用系统抽样法，顺序抽取的第 4 个样本号为（　　　　）。
   A. 057
   B. 097
   C. 067
   D. 077

4. 下列情况下，折旧费可能计提不足的是（　　　　）。
   A. 有大量已提完折旧的固定资产
   B. 固定资产投保的价值大大超出其账面价值
   C. 固定资产报废时常常伴有较大余额的损失
   D. 不断地购进相关的新的固定资产

5. 下列关于审计证据可靠性的说法，错误的是（　　　　）。
   A. 内部控制有效时生成的审计证据比内部控制薄弱时生成的审计证据更有效
   B. 直接获得的审计证据比间接获取或推论得出的审计证据更可靠
   C. 会议同步书面记录比对讨论事项时候的口头表述更可靠
   D. 当原件遗失时，可以用其复印件代替存档

6. 下列中国注册会计师执业准则，不包括（　　　　）。
   A. 中国注册会计师相关服务准则
   B. 中国注册会计师职业道德准则
   C. 会计师事务所质量控制准则
   D. 中国注册会计师审计准则

7. 被审计单位当年购入一批材料，会计部门在记账时漏记了该批材料的外地运杂费，则被审计单位管理层违反的认定是（　　　　）。
   A. 准确性
   B. 所有权
   C. 发生
   D. 完整性

8. 下列选项中，管理层违反"截止"认定的是（　　　　）。

A. 将已发生的销售业务不登记入账

B. 把寄销商品作为自有商品记录在会计账上

C. 将现销记录为赊销，将出售固定资产的收益作为营业收入记录

D. 将接近资产负债表日的交易记录于下年度

9. 在对财务报表进行分析后，确定资产负债表的重要性水平为 200 万元，利润表的重要性水平为 50 万元，则注册会计师应确定的财务报表层次的重要性水平为（　　　　）。

A. 50 万元　　　　　　　　　　B. 150 万元

C. 200 万元　　　　　　　　　　D. 300 万元

10. 注册会计师了解被审计单位及其环境的目的是（　　　　）。

A. 控制检查风险　　　　　　　　B. 为了进行风险评估程序

C. 收集充分适当的审计证据　　　D. 为了识别和评估财务报表重大错报风险

11. 对某一个具体项目或事项而言，其识别特性可以使其他人士根据该识别特征在总体中识别该项目或事项并重新执行该测试。这种特征通常具有（　　　　）。

A. 适当性　　　　　　　　　　　B. 充分性

C. 客观性　　　　　　　　　　　D. 唯一性

12. 注册会计师发现被审计单位内部控制存在重大缺陷，应当（　　　　）。

A. 发表否定意见　　　　　　　　B. 拒绝发表意见

C. 发表保留意见　　　　　　　　D. 告知管理当局

13. 下列各项因素中，与认定层次重要性水平呈同向变动关系的是（　　　　）。

A. 可接受审计风险水平　　　　　B. 所需审计证据的数量

C. 评估的重大错报风险　　　　　D. 可接受检查风险水平

14. 为了证实被审计单位某月份关于销售收入的"发生"认定或"完整性"认定，最有效的程序是（　　　　）。

A. 汇总当月销售收入明细账的金额，与当月开出销售发票的金额相比较

B. 汇总当月销售收入明细账的笔数，与当月开出销售发票的张数相比较

C. 汇总当月销售收入明细账的销售数量，与当月开出发运单销售数量相比较

D. 汇总当月销售发票的金额，与当月所开发货凭证及商品价目表相核对

15. 被审计单位规定，所有运输车辆在驶出商品存放区域时，必须由保安员检查确认承运人员持有盖有发货部门印章的发运凭证，否则不准放行。这一控制措施最能有效防止重大错报风险的是（　　　　）。

A. 客户可能拒绝承认已收到商品　　B. 发出商品的数量与批准的数量不符

C. 在未经批准的情况下发出商品　　D. 客户订购的商品可能没有发出

16. 进行审查最有可能发现未入账的应付账款是（　　　　）。

A. 发货记录　　　　　　　　　　B. 提货单

C. 未支付账单　　　　　　　　　D. 购货发票

17. 注册会计师对被审计单位实施销售业务截止测试，主要目的是为了检查（　　　　）。

A. 销货退回是否已经核准　　　　B. 是否存在过多的销货折扣

C. 销货业务的入账时间是否正确　D. 年底应收账款的真实性

18. 注册会计师在确定应收项目的函证对象时，首先要考虑的是（　　　　）。

A. 应收票据的承兑人　　　　　　　　B. 应收 A 公司近期形成的 3 000 元货款

C. 存款余额为零的开户银行　　　　　D. 应收控股大股东的巨额货款

19. "完整性" 的认定，与会计报表组成要素的（　　　　）有关。

A. 低估　　　　　　　　　　　　　　B. 高估

C. 精确性　　　　　　　　　　　　　D. 以上答案都对

20. 下列有关分析程序的说法错误的是（　　　　）。

A. 注册会计师需要在了解被审计单位及其环境的每一个方面都实施分析程序

B. 分析程序可用作风险评估

C. 在某些情况下，注册会计师可单独运用实质性分析程序

D. 实质性分析程序通常更适用于在一段时间内存在预期关系的大量交易

二、多项选择题（下列每小题有 A、B、C、D 四个备选答案，有两个或两个以上符合题意，请将正确选项填入括号中。）

1. 为实现 "真实性" 审计目标，正确的审计路线是（　　　　）。

A. 从明细账审查至原始凭证

B. 从原始凭证审查至明细账

C. 询问管理层

D. CPA 可依经验判断，选取适当的方法

2. 函证银行存款能证明的是（　　　　）。

A. 确定被审计单位银行存款使用的合法性

B. 了解银行存款的存在

C. 了解被审计单位欠银行的债务

D. 发现被审计单位未登记的银行存款

3. 下列有关审计证据的充分性的描述，正确的是（　　　　）。

A. 与注册会计师确定的样本量有关

B. 获取证据足以将每个重要认定相关的风险限制在可接受水平

C. 与对重大错报风险评估结果有关

D. 数量的充分性受审计质量影响

4. 下列项目中，不属于间接或有负债的是（　　　　）。

A. 税务纠纷　　　　　　　　　　　　B. 未决索赔

C. 应收账款抵押借款　　　　　　　　D. 未决诉讼

5. 下列有关经济效益审计的说法正确的是（　　　　）。

A. 经济效益审计更强调事前审计的作用

B. 经济效益审计的结论具有法律效力

C. 经济效益审计的对象是被审计单位的业务经营活动和管理活动

D. 经济效益审计的目的在于提高企业的经济效益

6. 管理审计的内容一般包括（　　　　）。

A. 对企业组织结构的审查　　　　　　B. 对企业计划的审查

C. 对企业内部控制的审查　　　　　　D. 审查企业的管理环境

7. 下列企业采购与付款业务的岗位，不相容的有（　　　　）。

A. 请购与审批　　　　　　　　　　　B. 询价与确定供应商

C. 采购合同的订立与审核　　　　　　D. 付款的申请、审批与执行

8. 审计小组成员甲的丈夫是 ABC 公司的股东，下列防范措施能够消除威胁独立性情形的有（　　　　）。

A. 甲审计 ABC 公司前要求其丈夫出售持有 ABC 公司的全部股份

B. 将甲调离审计小组

C. 在审计报告意见段后增加强调事项段

D. 请其他注册会计师复核甲的审计工作底稿

9. 专业胜任能力的基本原则，要求注册会计师做到（　　　　）。

A. 取得会计相关本科学位

B. 不承接自己不能胜任的业务

C. 注册会计师不仅要具有专业知识、技能和经验，而且应经济、有效地完成业务

D. 按照自身专业水平，制定收费标准

10. 存货周转率的波动可能意味着被审计单位存在（　　　　）。

A. 存货数量大幅增加或减少　　　　　B. 销售费用发生大幅变动

C. 存货核算方法发生变动　　　　　　D. 存货跌价准备计提基础发生变动

三、判断分析题（判断下列说法是否正确，若正确请在括号内打√，否则打×。如果不正确请说明理由。）

1. 注册会计师可以将审计风险降为零。　　　　　　　　　　　　　（　　　　）

理由：

2. 出于成本效益的考虑，注册会计师可以省略一些不可替代的审计程序。（　　　　）

理由：

3. 计划审计工作不是审计业务的一个孤立阶段，而是一个持续的、不断修正的过程。

（　　　　）

理由：

4. 注册会计师应当在初步业务活动中就审计业务约定条款达成一致意见。（　　　　）

理由：

5. 审计业务约定书是注册会计师与被审计单位签订的。　　　　　　（　　　　）

理由：

6. 注册会计师应当针对总体审计策略中所识别的不同事项，制订具体的审计计划，并考虑通过有效利用审计资源以实现审计目标。　　　　　　　　　　　　（　　　　）

理由：

7. 存货监盘只能对期末结存数量和状况予以证实，为了验证财务报表中存货余额的真实

性，还必须对存货的计价进行审计。 （　　）

理由：

8. 统计抽样具有许多优点，并解决了判断抽样法难以解决的问题，但是统计抽样法的产生并没有完全替代判断抽样法。 （　　）

理由：

9. 审计人员采用抽样方法进行审计会产生抽样风险和非抽样风险，抽样风险可以量化而非抽样风险不可以量化。 （　　）

理由：

10. 注册会计师认为抽样结果有 95%的可信程度，即可说明确定的可容忍误差为 5%。 （　　）

理由：

四、简答题

1. 审计工作底稿归档后需要变动的情形有哪些？

2. 简述错报的概念和类型。

3. 具体审计程序的种类。

4. ABC 会计师事务所的 A 注册会计师是甲公司 2016 年内部控制审计的项目合伙人，遇到下列事项：

（1）A 注册会计师在识别重要账户、列报及其相关认定时，认为无须考虑财务报表整体重要性。A 注册会计师在识别重要账户、列报及其相关认定时应当评价的风险因素，与财务报表审计中考虑的因素相同。

（2）在了解内部控制时，A 注册会计师对每个重要流程，选取一笔交易或事项实施穿行测试。针对被审计单位采用集中化的系统为多个组成部分执行重要流程，A 注册会计师认为在每个重要的经营场所或业务单位也必须选取一笔交易或事项实施穿行测试。

（3）A 注册会计师认为控制缺陷的严重程度取决于控制不能防止或发现并纠正账户或列报发生错报的可能性的大小，以及因一项或多项控制缺陷导致的潜在错报的金额大小。存在多项控制缺陷时，只要这些缺陷从单项看不重要，就不会构成重大缺陷。

（4）A 注册会计师在确定哪些内部控制缺陷属于重大缺陷时，如果控制缺陷可能导致财务报表出现重大错报，而且不存在有效补偿性控制属于重大缺陷。此外，重大的审计调整和修改已经公布的财务报表如果显示存在内部控制的缺陷，也属于重大缺陷。

（5）A 注册会计师在审计过程中发现，非财务报告内部控制缺陷为重大缺陷和企业内部控制评价报告对要素的列报不完整或不恰当，因此在内部控制审计报告增加强调事项段，提示内部控制审计报告使用者注意相关风险。

（6）由于审计范围受到限制，A 注册会计师计划出具保留意见或者无法表示意见的内部控制审计报告。

要求：

针对上述第（1）至（6）项，不考虑其他条件，逐项指出 A 注册会计师的做法是否恰当。

如不恰当，简要说明理由。

五、案例分析

1. DEF 公司是 ABC 会计师事务所常年的制造业审计客户，在对 DEF 公司 2017 年度财务报表进行审计时，A 注册会计师负责审计货币资金科目。

A 注册会计师拟于 2018 年 2 月 1 日对 DEF 公司库存现金进行监盘，为顺利监盘库存现金，注册会计师 A 在监盘前一周通知了 DEF 公司会计主管做好监盘准备。库存现金监盘时，DEF 公司未将盘点当天收到的现金 50 000 元送存银行，也未包括在盘点实有数内。在仅有出纳的情况下，A 注册会计师当场盘点现金。在与 2018 年 2 月 1 日当天的现金日记账核对后，A 注册会计师直接将当天盘点的库存现金金额填写在"库存现金监盘表"上，未做追溯调整。并将仅有 A 注册会计师签字的库存现金监盘表直接形成了审计工作底稿。

要求：

指出 A 注册会计师在库存现金监盘工作中有哪些不当之处，及改进建议。

2. A 注册会计师在检查客户 ABC 公司 2017 年的银行余额调节表（见表 1）时，发现如下银行账户存在未达账项。

表 1

银行账户	币种	账号	企业账面数	银行对账单数
招商银行渝北支行	人民币	123	400 000	600 000
工商银行渝北支行	人民币	456	700 000	600 000

事项 1：ABC 公司 2017 年有一笔 20 万元的退回支付的材料采购款。招商银行渝北支行 2017 年已收到该笔退回款项，但 ABC 公司未及时在 2017 年入账。假设不考虑相关税费。

事项 2：ABC 公司销售部员工向公司借款 10 万元，公司经审批通过后，已通过工商银行渝北支行向员工支付了借款，但 ABC 公司未及时在 2017 年将该笔员工的借款入账。

要求：

请根据事项 1 和事项 2 判断 ABC 公司 2017 年的账务处理是否正确。如果不正确，请写出调整分录并说明理由。

第五套试题

一、单项选择题（下列每小题有 A、B、C、D 四个备选答案，只有一个符合题意，请将正确选项填入括号中。）

1. 注册会计师可以就计划审计工作的基本情况与被审计单位治理层进行沟通，沟通的内容不包括（　　）。

    A. 审计的时间安排　　　　　　　　　　B. 总体策略

    C. 审计工作中受到的限制　　　　　　　D. 具体审计程序

2. "观察和检查"是注册会计师了解被审计单位及其环境而必须执行的程序，实施的观察和检查程序不包括（　　）。

    A. 将预期结果与被审计单位记录的金额、计算的比率、趋势进行比较

    B. 追踪交易在财务报告信息系统中的处理过程

    C. 检查文件、记录和内部控制手册，阅读管理层和治理层编制的报告

    D. 实地察看被审计单位的生产经营场所和设备

3. 不属于鉴证业务的适当标准应当具备的特征是（　　）。

    A. 相关性　　　　　　　　　　　　　　B. 客观性

    C. 完整性　　　　　　　　　　　　　　D. 中立性

4. 注册会计师确定应收账款函证数量的大小、范围时，不需考虑的主要因素是（　　）。

    A. 应收账款在全部资产中的重要性　　　B. 被审计单位内部控制的强弱

    C. 函证方式的选择　　　　　　　　　　D. 回函的审计工作记录

5. 下列关于审计的分类，不正确的是（　　）。

    A. 审计按与被审计单位的关系不同，可以分为内部审计和外部审计

    B. 审计按目的的不同，可分为合理保证审计和有限保证审计

    C. 审计按主体的不同，可分为政府审计、内部审计和注册会计师审计

    D. 审计按目的和内容的不同，可分为财务报表审计、经营审计和合规性审计

6. 下列有关审计方法的表述，不正确的是（　　）。

    A. 风险导向审计的重心是审计风险的防止或发现并纠正

    B. 账项基础审计的重心是发现和防止资产负债表错误与舞弊

    C. 风险导向审计的重心是重大错报风险的识别、评估与应对

    D. 制度基础审计的重心是以内部控制为基础的抽样审计

7. 或有收费可能导致对职业道德基本原则产生不利影响，下列不属于其造成不利影响的因素是（　　）。

A. 业务的性质   B. 可能的收费金额区间

C. 确定的收费基础   D. 是否揭露被审计单位的重大舞弊行为

8. 下面关于分析程序的说法，不正确的是（　　　　）。

     A. 可用于风险评估程序   B. 可用于实质性程序

     C. 可用于对财务报表的总体复核   D. 可用于任何控制测试

9. 在了解控制环境时，不属于注册会计师应当关注的内容是（　　　　）。

     A. 公司治理层相对于管理层的独立性   B. 公司管理层的理念和经营风格

     C. 公司员工整体的道德价值观   D. 公司的行业特征

10. 在确定控制测试的范围时，不属于注册会计师通常考虑的因素有（　　　　）。

     A. 控制的执行频率

     B. 控制的预期偏差

     C. 在风险评估时拟信赖控制运行有效性的程度

     D. 内部控制执行者的政治面貌

11. 下列不属于注册会计师可能导致承担法律责任的原因是（　　　　）。

     A. 违约   B. 欺诈

     C. 重大过失   D. 行政责任

12. 下列通常不涉及"完整性"认定的项目是（　　　　）。

     A. 短期借款   B. 营业费用

     C. 营业收入   D. 管理费用

13. 注册会计师在确定计划的重要性水平时，不需要考虑的主要因素是（　　　　）。

     A. 财务报表项目的金额及其波动幅度   B. 被审计单位及其环境的了解

     C. 审计的目标   D. 被审计单位是否有国有资本

14. 控制活动是指有助于确保管理层的指令得以执行的政策和程序，其不包括（　　　　）。

     A. 职责分离   B. 实物控制

     C. 授权与业绩评价   D. 员工的胜任能力

15. 下列关于认定和具体审计目标的表达，错误的是（　　　　）。

     A. 如果将他人寄销商品列入被审计单位的存货，则违反了准确性认定

     B. 如果发生了销货交易，却没有在销货明细账和总账中记录，则违反了完整性认定

     C. 在销售日记账中，记录了一笔未曾发生的销售业务，则违反了发生认定

     D. 在销售中，开账单时，使用了错误的销售价格，则违反了准确性认定

16. 根据被审计单位实际情况，不涉及对应付账款执行实质性分析程序的是（　　　　）。

     A. 将期末应付账款余额与期初余额进行比较，分析波动原因

     B. 分析长期挂账的应付账款，要求被审计单位作出解释，判断被审计单位是否缺乏偿债能力或利用应付账款隐瞒利润；并注意其是否可能无须支付，对确实无须支付的应付款的会计处理是否正确，依据是否充分

     C. 计算应付账款与存货的比率，应付账款与流动负债的比率，并与以前年度相关比率对比分析，评价应付账款整体的合理性

     D. 从订货单或验收单出发，追查至应付账款明细账，检查发生的业务都已正确入账

17. 注册会计师对客户所负有的责任，不包括（　　　　）。

A. 对客户无偿提供管理咨询服务

B. 确保客户财务安全，并实现预期的经营目标

C. 按照业务约定履行对客户的责任，按时按质完成委托业务

D. 对在执行业务过程中知悉的商业秘密保密，并不得利用其为自己或他人谋取利益

18. 注册会计师对被审计单位存货监盘时，不属于其应特别关注的问题是（　　　）。

A. 注册会计师应当特别关注存货的移动情况，防止遗漏或重复盘点

B. 注册会计师应当特别关注存货的状况，观察被审计单位是否已经恰当地区分了所有毁损、陈旧、过时及残次的存货

C. 注册会计师应当获取盘点日前后存货收发及移动的凭证，检查库存记录与会计记录期末截止日期是否正确

D. 注册会计师对存货的计价进行审计

19. 下列各项中不符合现金监盘要求的是（　　　）。

A. 盘点人员必须有出纳、会计、CPA

B. 盘点前应将已办理现金收付手续的收付凭证登记入现金日记账

C. 不同存放地点的现金应同时进行盘点

D. 盘点时间应安排在现金收付业务进行时，采取突击检查

20. 工程项目内部会计控制，属于（　　　）的具体规范。

A. 内部监督控制 　　　　　　　　　B. 内部会计控制

C. 内部审计控制 　　　　　　　　　D. 内部管理控制

二、多项选择题（下列每小题有 A、B、C、D 四个备选答案，有两个或两个以上符合题意，请将正确选项填入括号中。）

1. 下列有关注册会计师审计的表述，不正确的有（　　　）。

A. 注册会计师在执行审计工作时必须利用内部审计的工作成果

B. 注册会计师审计是一种有偿审计

C. 注册会计师审计就是注册会计师代表本人实施的审计

D. 注册会计师审计体现为双向独立

2. 在下列情况下，注册会计师通常不实施控制测试的有（　　　）。

A. 风险评估程序不能识别出重大错报风险时

B. 在评估认定层次重大错报风险时，预期控制的运行是有效的

C. 仅实施实质性程序不足以提供有关认定层次的充分、适当的审计证据

D. 评估的重大错报风险较高

3. 下列选项中，不属于基于被审计单位管理层"计价或分摊"认定推论得出的有关存货具体审计目标的有（　　　）。

A. 期末所有存货存在 　　　　　　　B. 期末所有存货均已登记入账

C. 当期计提的存货跌价准备正确 　　D. 存货的入账成本正确

4. 与审计证据的充分性无关的有（　　　）。

A. 具体审计程序因素　　　　　　　　　B. 审计证据的质量因素

C. 样本量因素　　　　　　　　　　　　D. 重大错报风险因素

5. 下列选项中，不属于"完整性"认定的有（　　　　）。

　　A. 期末已按成本与可变现净值孰低的原则计提了存货跌价准备

　　B. 当期的全部销售交易均已登记入账

　　C. 资产负债表所列示的存货均存在

　　D. 资产负债表所列示的存货包括了所有存货交易的结果

6. 在执行财务报表审计工作时，注册会计师的总体目标是（　　　　）。

　　A. 对财务报表整体是否不存在由于舞弊导致的重大错报获取合理保证

　　B. 按照审计准则的规定，出具审计报告

　　C. 对财务报表是否在所有重大方面按照适用的财务报告编制基础发表审计意见

　　D. 与管理层和治理层沟通审计意见

7. 存货监盘的替代审计程序包括（　　　　）。

　　A. 检查进货交易凭证或生产记录以及其他相关资料

　　B. 检查 12 月 31 日后发生的购货交易凭证

　　C. 向顾客或供应商函证

　　D. 与仓库管理员确认

8. 财经法纪审计的作用主要体现为（　　　　）。

　　A. 维护社会主义法纪，促进法制建设，保证国家制定的财经法规得以贯彻执行

　　B. 严厉打击经济领域内的犯罪活动

　　C. 严肃财经纪律，纠正不正之风，保证企业行为的合法性、合规性

　　D. 杜绝损失浪费，厉行勤俭节约，提高企业经营管理水平

9. 在风险导向审计模型下，注册会计师应当运用职业判断确定需要了解被审计单位及其环境的程度。注册会计师除了了解被审计单位内部控制之外，还应当了解的内容有（　　　　）。

　　A. 行业状况、法律环境、监管环境以及其他外部因素

　　B. 被审计单位性质

　　C. 被审计单位对会计政策的选择及运用

　　D. 被审计单位的目标、战略以及相关经营风险

10. 下列属于注册会计师责任的有（　　　　）。

　　A. 建立健全内部控制制度

　　B. 保证报表的真实性

　　C. 在审计报告中清楚地表达对会计报表整体的意见，并对出具的审计报告负责

　　D. 保持形式与实质上的独立

三、判断分析题（判断下列说法是否正确，若正确请在括号内打√，否则打×。如果不正确请说明理由。）

1. 确定审计程序的性质、时间安排和范围是总体审计策略的核心。　　　　　　（　　　　）

理由：

2. 注册会计师在审计过程中对具体审计计划做出重大修改，无须在审计工作底稿中记录。 （　　　）

　　理由：

3. 对于以营利为目的的实体，选择重要性基准通常以经常性业务的税前利润作为基准。 （　　　）

　　理由：

4. 实际执行的重要性可以高于计划的重要性。 （　　　）

　　理由：

5. 推断错报是指由于注册会计师认为管理层对会计估计做出不合理的判断或不恰当地选择和运用会计政策而导致的差异。 （　　　）

　　理由：

6. 函证仅适用于账户余额的审计。 （　　　）

　　理由：

7. 如果审计人员在审计过程中识别出的情况使其认为文件记录可能是伪造的或文件记录中的某些条款已发生变动，则应当进一步调查，包括直接向第三方函证，或考虑利用专家的工作以评价文件记录的真伪。 （　　　）

　　理由：

8. 在整个审计过程中，职业怀疑态度十分必要，它有助于减少审计人员在确定审计程序的性质、时间和范围以及评价由此得出的结论时采用错误假设的风险。 （　　　）

　　理由：

9. 在发生重大不确定事项时，如果被审计单位已在财务报表附注中做了充分披露，注册会计师就应当出具保留意见的审计报告。 （　　　）

　　理由：

10. 在我国注册会计师鉴证业务准则中，审计准则与审阅准则主要用于规范历史财务信息的鉴证，只有个别准则规范了非历史性财务信息的鉴证。 （　　　）

　　理由：

四、简答题

1. 简述了解被审计单位及其环境的作用。
2. 简述 PPS 抽样方法的含义和特征。
3. 审计人员发表审计意见，主要有哪几种类型？
4. 甲公司是 ABC 会计师事务所的常年审计客户，A 注册会计师是甲公司 2017 年度财务报表审计业务的项目合伙人。A 注册会计师计划于 2017 年 12 月 31 日实施存货监盘程序。遇到下列事项：

（1）审计项目组按存货项目定义抽样单元，选取 a 产品为抽盘样本项目之一。a 产品分布在 5 个仓库中，考虑到监盘人员安排困难，审计项目组对其中 3 个仓库的 a 产品执行抽盘，未发现差异，对该样本项目的抽盘结果满意。

（2）对以标准规格包装箱包装的存货，监盘人员根据包装箱的数量及每箱的标准容量直接计算确定存货的数量。

（3）在抽盘过程中，A 注册会计师发现 1 个样本项目存在盘点错误，要求甲公司在盘点记录中更正该项错误。A 注册会计师认为该错误在数量和金额方面均不重要，因此，得出抽盘结果满意的结论，不再实施其他审计程序。

（4）在甲公司存货盘点结束前，审计项目组取得并检查了已填用的盘点表单的号码记录，确定其是否连续编号以及已发放的表单是否均已收回，并与存货盘点汇总表中记录的盘点表单使用情况核对一致。

（5）甲公司部分产成品存放在第三方仓库，其年末余额占资产总额的 30%。审计项目组向保管存货的第三方函证存货的数量和状况，未发现异常，A 注册会计师得出结果令人满意的结论，不存在错报。

（6）假设因雪灾导致监盘人员于原定存货监盘日未能到达盘点现场，A 注册会计师不再进行监盘，通过检查存货的收发存凭证实施替代程序。

要求：

针对上述第（1）项至第（6）项，逐项指出是否存在不当之处。如认为存在不当之处，简要说明理由。

五、案例分析

1. A 会计师事务所对空调制造业的 ABC 公司执行 2017 年年报审计。B 注册会计师在存货监盘时遇到如下情况：

（1）在实施存货监盘环节，B 注册会计师仅从存货实物中选取项目追查至存货盘点记录，以测试存货盘点记录的完整性。

（2）B 注册会计师事先通知 ABC 公司其选定进行监盘分厂 D，ABC 公司要求注册会计师更换分厂 D，原因是交通不便。B 注册会计师未执行额外的审计程序便马上接受了 ABC 公司要求，更换了分厂 D，另外选择了一家分厂 G 执行监盘。

（3）ABC 公司委托 E 物流公司代保管其统一采购的部分原材料，ABC 公司向注册会计师提供了委托保管协议、E 物流公司定期盘点表，要求 B 注册会计师确认这部分存货。B 注册会计师仅按照 ABC 公司提供的资料，确认了这部分存货。

（4）注册会计师在实施存货监盘环节，发现分厂 F 空调的财务明细账数量与实物监盘数量出现多处不一致的情况且差异数量大。由于当天盘点任务紧，B 注册会计师未就差异执行进一步审计程序。

要求：

针对以上案例中（1）~（4）小题的情况，判断 B 注册会计师在实施存货监盘中是否有不妥之处？如果有请指出并予以更正。

2. A 会计师事务所对空调制造业的 ABC 公司执行 2017 年年报审计。B 注册会计师负责存货科目的审计工作。

事项 1：2017 年 12 月 30 日购入的原材料 300 万元已验收入库并由各部门开始领用，且已纳入年底存货盘点表。但由于没有收到购货发票而在 2017 年没有登记入账。ABC 公司 2018 年 1 月 10 日收到购货发票时记入 2018 年 1 月的账簿中。假设在 2017 年不考虑相关税费。

事项 2：B 注册会计师了解到 ABC 公司的存货主要有三类，原材料、在产品和产成品。

（1）原材料客户跌价准备的计提政策如表 1 所示。

表 1　计提政策

	1 年以内	1~3 年	3 年以上
铜	—	30%	50%
除铜以外的其他原材料	—	40%	70%

经评估，我们认为客户计提原材料跌价比例是适当的。

各项原材料金额如表 2 所示。

表 2　各项原材料金额　　　　　　　　　单位：元

	1 年以内	1~3 年	3 年以上
铜	7 000 000	2 000 000	300 000
除铜以外的其他原材料	3 000 000	1 000 000	900 000

（2）客户在产品均为订单产品，不存在重大跌价风险。

（3）ABC 公司的空调主要有两类产品，空调 A 和空调 B，我们取得客户的产成品明细账及销售明细表，将其数据加工整理如表 3 所示。

表 3　明细账及销售明细　　　　　　　　单位：元

	空调 A	空调 B
成本	1 000 000	6 000 000
可变现净值	1 700 000	5 000 000

截止到 2017 年 12 月 31 日，客户账面存货跌价准备金额为 2 000 000 元。

要求：

针对以上案例中事项 1 和事项 2 的情况，判断 ABC 公司在 2017 年的账务处理和计提存货跌价准备的金额是否正确。如果不正确，请出具 2017 年相应的审计调整分录，并说明理由。

第六套试题

一、单项选择题（下列每小题有 A、B、C、D 四个备选答案，只有一个符合题意，请将正确选项填入括号中。）

1. 在审计工作底稿归档期间，注册会计师不能做出变动的是（　　　　）。
   A. 记录在审计报告日前获取的、与审计项目组相关成员进行讨论并取得一致意见的审计证据
   B. 对审计工作底稿进行分类、整理
   C. 对审计档案归整工作的完成核对表签字认可
   D. 删除或废弃审计工作底稿

2. 以下有关货币资金内部控制，存在重大缺陷的是（　　　　）。
   A. 财务专用章由专人保管，个人名章由本人或其授权人员保管
   B. 对重要货币资金支付业务，有专人批准，方可支付
   C. 现金收入及时存入银行，但经主管领导审查批准方可坐支现金
   D. 指定专人定期核对银行账户，每月核对一次，编制银行存款余额调节表，使银行存款账面余额与银行对账单调节相符

3. 在对存货实施抽查程序时，注册会计师应选择（　　　　）。
   A. 事先就拟抽取测试的存货项目与乙公司沟通，以提高存货监盘的效率
   B. 尽量将难以盘点或隐蔽性较大的存货纳入抽查范围
   C. 从存货盘点记录中选取项目追查至存货实物，以测试盘点记录的完整性
   D. 如果盘点记录与存货实物存在差异，要求乙公司更正盘点记录

4. 下列各项中，违反注册会计师职业道德规范的是（　　　　）。
   A. 按照业务约定和专业准则的要求完成委托业务
   B. 对审计过程中知悉的商业秘密保密，不得利用其为自己或他人谋取利益
   C. 会计师事务所不得以或有收费形式为客户提供服务
   D. 注册会计师可以对其能力进行广告宣传，但不得诋毁同行

5. 审计最本质的特性是（　　　　）。
   A. 监督性　　　　　　　　　　　　　B. 鉴证性
   C. 管理性　　　　　　　　　　　　　D. 独立性

6. 报废固定资产所取得的收入应记入（　　　　）。
   A. 营业外收入　　　　　　　　　　　B. 营业收入
   C. 其他业务收入　　　　　　　　　　D. 固定资产清理

7. 为评估财务报表层次和认定层次的重大错报风险，注册会计师应当采取的措施是（　　　）。

  A. 风险评估程序   B. 控制测试

  C. 实质性程序   D. 分析程序

8. 以下各项审计程序中，无法测试营业收入完整性的审计方法是（　　　）。

  A. 抽取年末开具的销售发票，检查相应的发运单和账簿记录

  B. 抽取年末的发运单，检查相应的销售发票和账簿记录

  C. 从营业收入明细账中抽取年末明细记录，检查相应的记账凭证、发运单和销售发票

  D. 从营业收入明细账中抽取年初的明细记录，检查相应的记账凭证、发运单和销售发票

9. 下列证据中，证明力最强的是（　　　）。

  A. 应收账款的函证答复   B. 被审计单位的会议记录

  C. 被审计单位开具的销货发票   D. 严密的内部控制下形成的会计记录

10. 应收账款函证的主要目的是（　　　）。

  A. 确定债务人是否存在，以及被审计单位记录的真实性

  B. 确定应收账款能否收回

  C. 符合专业标准的要求

  D. 确定坏账损失的处理是否恰当

11. 预防员工贪污、挪用销货款，最有效的方法是（　　　）。

  A. 应收账款明细账与出纳职责分离

  B. 支票与现金收款有不同人负责

  C. 顾客将货款直接汇入公司所指定的银行账户

  D. 收到发票后，立即寄送收据

12. 与"权利和义务"认定有关的组成要素是（　　　）。

  A. 资产负债表

  B. 损益表

  C. 现金流量表

  D. 以上所有

13. 以下与存货项目相关的审计程序，不能达到注册会计师审计目的的是（　　　）。

  A. 对价值较高的存货，以实质性程序为主

  B. 对由少数项目构成的存货，以实施实质性程序为主

  C. 对单位价值较高的存货，以实施控制测试为主

  D. 实施实质性程序时，通过存货的性质和样本，选择审计方法

14. 2017 年 3 月 5 日对被审计单位全部现金进行监盘后，确认实有现金数额为 1 000 元。被审计单位 3 月 4 日账面库存现金余额为 1 000 元，3 月 5 日发生的现金收支全部未登记入账，其中收入金额为 2 000 元、支出金额为 3 000 元，2017 年 1 月 1 日至 3 月 4 日现金收入总额为 165 200 元、现金支出总额为 165 500 元，则推断 2016 年 12 月 31 日库存现金余额应为（　　　）元。

  A. 2 300   B. 1 300

  C. 700   D. 2 700

15. 分期收款销售时，企业确认销售收入应按照（　　　　）。

    A. 发货时间

    B. 付清货款时间

    C. 开发票的时间

    D. 合同约定的收款日期

16. 对于未予函证的应收账款，注册会计师应当执行的最有效的审计程序是（　　　　）。

    A. 重新测试内部控制制度

    B. 审查销货凭证

    C. 实施分析程序

    D. 审查资产负债表日后的收款情况

17. 审计档案的所有权应属于（　　　　）。

    A. 审计委托方

    B. 审计工作底稿的编制者

    C. 会计师事务所

    D. 注册会计师协会

18. 下列程序中，不属于控制测试程序的是（　　　　）。

    A. 检查特定借款是否经授权

    B. 观察借款业务的职责分工是否明确

    C. 计算短期借款、长期借款在各个月份的平均余额

    D. 抽取会计记录，核对有关会计处理过程，以判断其是否合规

19. 下列属于注册会计师出具保留意见审计报告的条件的是（　　　　）。

    A. 会计政策的选用、会计估计的做出或财务报表的披露不符合适用的会计准则和相关会计制度的规定，虽影响重大，但不至于出具否定意见的审计报告

    B. 财务报表没有按照适用的会计准则和相关会计制度的规定编制，未能在所有重大方面公允反映被审计单位的财务状况、经营成果和现金流量

    C. 审计范围受到限制可能产生的影响非常重大和广泛，不能获取充分、适当的审计证据，以至于无法对财务报表发表审计意见

    D. 因审计范围受到限制，不能获取充分、适当的审计证据

20. 注册会计师审计应收账款的目的，不包括（　　　　）。

    A. 确定应收账款的存在性

    B. 确定应收账款记录的完整性

    C. 确定应收账款的回收期

    D. 确定应收账款会计报表披露的恰当性

二、多项选择题（下列每小题有 A、B、C、D 四个备选答案，有两个或两个以上符合题意，请将正确选项填入括号中。）

1. 下列各项中，注册会计师应当与治理层沟通的有（　　　　）。

    A. 注册会计师识别出的特别风险

    B. 注册会计师发现的可能导致财务报表重大错报的员工舞弊行为

    C. 注册会计师对会计政策、会计估计和财务报表披露重大方面的质量的看法

    D. 管理层已更正的重大审计调整

2. 如果鉴证小组成员作为鉴证客户的经理或董事，则应当采取有效的防范措施维护独立性。以下表述正确的是（　　　　）。

A. 如果会计师事务所的合伙人或员工成为鉴证客户的经理或董事，所产生的自我评价、经济利益威胁就会非常重大，以致没有防范措施能够将其降至可接受水平

B. 如果会计师事务所的合伙人或员工成为审计客户的公司秘书，所产生的自我评价和关联关系威胁就会非常重大，以致没有防范措施可以将其降至可接受水平

C. 为支持公司秘书性职能而提供的常规行政服务或有关公司秘书性行政问题的咨询工作，通常不会被认为有损独立性，只要所有的相关决策是由客户的管理层做出的

D. 如果会计师事务所的高级管理人员成为鉴证客户的经理或董事，则应将其调离该鉴证小组以维护独立性

3. 下列各项内部控制制度中，能够发现采购及应付账款环节发生重大错报风险的有（　　　）。

A. 所有订货单应经采购部门及有关部门批准，其副本应及时提交财会部门

B. 现购业务必须经财会部门批准后方可支付价款

C. 收到购货发票后，应立即送采购部门与订货单、验收单核对相符

D. 收到销货发票后，应立即送采购部门与订货单、验收单核对相符

4. 注册会计师提请被审计单位予以确认下列（　　　）收入应予以确认。

A. 与商品销售分开的安装劳务应当按照完工程度确认收入

B. 附有销售退回条件的商品销售应当在销售商品退货期满时确认收入

C. 属于提供与特许权相关的设备的收入应当在该资产所有权转移时予以确认

D. 以上均正确

5. 注册会计师证实被审计单位应付账款是否在资产负债表上充分披露时，应考虑（　　　）。

A. 预付账款明细账的期末贷方余额是否并入应付账款项目

B. 应付账款明细账的期末借方余额是否并入预付账款项目

C. 以担保资产换取的应付账款是否在会计报表附注中予以揭示

D. 预付账款明细账的期末借方余额是否并入应付账款项目

6. 在确定控制测试的范围时，注册会计师通常要考虑的因素有（　　　）。

A. 总体变异性

B. 在风险评估时拟信赖控制运行有效性的程度

C. 控制预期偏差

D. 控制的执行频率

7. 注册会计师实施存货监盘程序时，需要关注（　　　）。

A. 存货的移动　　　　　　　　　　　　B. 存货的状况

C. 存货的数量　　　　　　　　　　　　D. 存货的计价

8. 查找未入账的应付账款，以下各项审计程序中，不能实现审计目标的有（　　　）。

A. 结合存货监盘，检查被审计单位在资产负债表日是否存在有材料入库凭证但未收到购货发票的业务

B. 抽查被审计单位本期应付账款明细账贷方发生额，核对相应的购货发票和验收单据，确认其入账时间是否正确

C. 检查被审计单位资产负债表日后收到的购货发票，确认其入账时间是否正确

D. 检查被审计单位资产负债表日后应付账款明细账借方发生额的相应凭证，确认其入账时间是否正确

9. 注册会计师对期末存货实施截止的程序包括（　　　　）。
   A. 所有在截止日以前入库的存货项目是否均已包括在盘点范围内，并已反映在截止日以前的会计记录中
   B. 所有在截止日以前装运出库的存货项目是否均未包括在盘点范围内，且未包括在截止日的存货账面余额中
   C. 所有已确认为销售但尚未装运出库的商品是否均未包括在盘点范围内，且未包括在截止日的存货账面余额中
   D. 在途存货和被审计单位直接向顾客发运的存货是否均已得到了适当的会计处理

10. 编制存货监盘计划时，注册会计师应当实施的审计程序有（　　　　）
    A. 了解存货重要程度及存放场所
    B. 存货盘点范围和场所的确定
    C. 盘点人员的分工及胜任能力
    D. 评估与存货相关的重大错报风险和重要性

三、判断分析题（判断下列说法是否正确，若正确请在括号内打√，否则打×。如果不正确请说明理由。）

1. 针对银行存款余额的函证，可以由被审计单位发出询证函。　　　　　（　　　　）
   理由：
2. 分析程序可以在审计结束或临近结束时对财务报表进行总体复核。　　（　　　　）
   理由：
3. 控制测试中的抽样风险包括误受风险和误拒风险。　　　　　　　　　（　　　　）
   理由：
4. 会计师事务所应当在审计报告日起，对审计工作底稿至少保存20年。（　　　　）
   理由：
5. 审计工作底稿归档后不可以再进行更改。　　　　　　　　　　　　　（　　　　）
   理由：
6. 审计风险的识别和评估是审计风险控制流程的起点。　　　　　　　　（　　　　）
   理由：
7. 在了解被审计单位及其环境时，注册会计师无须了解被审计单位的所有内部控制，而只需了解与审计相关的内部控制。　　　　　　　　　　　　　　　　　　　　　（　　　　）
   理由：
8. 评价对被审计单位及其环境了解的程度是否恰当，关键是看注册会计师是否对被审计单位及其环境实施了风险评估程序。　　　　　　　　　　　　　　　　　　　　（　　　　）
   理由：
9. 如果被审计单位上期财务报表未经审计，注册会计师应当在审计报告引言段中说明上

期比较数据未经审计，以免除注册会计师对本期的期初余额实施恰当的审计程序的要求。

（　　　　）

理由：

10. 在了解控制活动时，注册会计师应当重点考虑一项控制活动单独或连同其他控制活动，是否能够以及如何防止或发现并纠正各类交易、账户余额、列报存在的重大错报。

（　　　　）

理由：

四、简答题

1. 简述了解内部控制和控制测试的关系。

2. 简述控制测试中有哪几种抽样风险，细节测试中有哪几种抽样风险，并解释。

3. 请阐述职业怀疑态度的内涵和作用。

4. ABC 会计师事务所负责审计甲集团公司 2017 年度财务报表。集团项目组确定甲集团公司合并财务报表整体的重要性为 500 万元。在审计工作底稿中记录了集团审计策略，部分内容摘录如下：

（1）乙公司为不重要的子公司。经初步了解，负责乙公司审计的组成部分注册会计师不符合与集团审计相关的独立性和专业胜任能力要求，集团项目组拟通过参与该组成部分注册会计师对乙公司实施的审计工作，消除其不具有独立性的影响。

（2）丙公司为重要的子公司，拟要求组成部分注册会计师实施审计，并提交其出具的丙公司审计报告。对丙公司自 2018 年 3 月 10 日（丙公司财务报表审计报告日）至 2018 年 3 月 31 日（甲集团公司财务报表审计报告日）之间发生的、可能需要在甲集团公司财务报表中调整或披露的期后事项，拟要求组成部分注册会计师实施审阅予以识别。而且集团项目组和组成部分注册会计师的审计工作底稿均自 2018 年 3 月 10 日起至少保存 10 年。

（3）丁公司为重要的子公司。集团项目组亲自进行审计，确定该组成部分重要性为 500 万元，该组成部分实际执行的重要性为 300 万元。

（4）戊公司为不重要的子公司。集团项目组确定的组成部分重要性为 200 万元，该组成部分实际执行的重要性由组成部分注册会计师自行确定，集团项目认为无须评价。

（5）己公司为重要的子公司。集团项目组确定该组成部分重要性为 300 万元，组成部分注册会计师执行法定审计使用的财务报表整体重要性为 350 万元，实际执行的重要性为 260 万元。

（6）庚公司为重要组成部分，存在导致集团财务报表发生重大错报的特别风险。集团项目组评价了组成部分注册会计师拟对该风险实施的进一步审计程序的恰当性，但根据对组成部分注册会计师的了解，未参与进一步审计程序。

要求：

逐项指出（1）~（6）所述的集团审计策略是否恰当。如不恰当，简要说明理由。

五、案例分析

1. A 会计师事务所对汽车制造业的 ABC 公司执行 2017 年年报审计。B 注册会计师负责年报中往来科目的审计工作。

（1）在查看应付账款的明细账时，B 注册会计师发现部分应付账款的供应商为当地的供电局、水务局等单位，应付金额为 10 万元。

（2）在检查其他应付款账龄表时，B 注册会计师发现一笔金额为 35 万元对渝北 C 公司的款项。该笔款项账龄已超过 10 年但仍挂账，经与 ABC 公司往来会计沟通和检查相关资料，发现该家公司已破产。

（3）在查看预付账款明细账时，B 注册会计师发现预付渝北 D 公司的预付账款期末余额为借方负 50 万元。

（4）在查看其他应收款明细账时，B 注册会计师发现一笔金额为 25 万元的应收 E 公司的汽车销售款。

要求：

针对（1）～（4）小题的情况，判断 ABC 公司在 2017 年的账务处理是否正确。如果不正确，请出具 2017 年相应的审计调整分录并说明理由。

2. A 会计师事务所对汽车制造业的 ABC 公司执行 2017 年年度审计。B 注册会计师负责年报中长期资产的审计工作。

事项 1：B 在检查在建工程明细清单时发现一栋行政办公楼。通过实地走访，B 注册会计师发现该行政办公楼已于 2017 年 6 月 30 日开始全部投入使用。进一步与公司长期资产会计沟通，其以环评报告未获得为由，未转为固定资产。办公楼决算造价 1 500 万元，办公楼预计使用年限 50 年。残值率为 0，公司采用直线法计提折旧。

事项 2：B 注册会计师在重新计算固定资产 2017 年当年应计提的折旧时发现一批办公用车原值 100 万元，投入使用日期是 2012 年 12 月 31 日，使用寿命为 5 年，残值率 10%，采用直线法计提折旧，客户账面 2017 年当年就该批办公用车计提折旧的金额为 10 万元。

要求：

针对以上案例中事项 1 和事项 2 的情况，判断 ABC 公司在 2017 年的账务处理是否正确。如果不正确，请出具 2017 年相应的审计调整分录并说明理由。

第七套试题

一、单项选择题（下列每小题有 A、B、C、D 四个备选答案，只有一个符合题意，请将正确选项填入括号中。）

1. 下列选项不属于生产与存货循环涉及的业务活动的是（　　　　）。
    A. 计划和安排生产　　　　　　　　B. 填制请购单
    C. 生产产品　　　　　　　　　　　D. 核算产品成本

2. 对外投资业务的内部控制制度一般不包括（　　　　）。
    A. 严格的预算制度　　　　　　　　B. 严格的记名制度
    C. 完善的盘点制度　　　　　　　　D. 合理的职责分工

3. 对预付账款审查的目标不应该包括（　　　　）。
    A. 确定预付账款是否存在
    B. 确定预付账款期末余额的准确性
    C. 确定预付账款付款时间
    D. 确定预付账款在账务报表上反映的适当性

4. 注册会计师张×在测试 W 公司 2016 年度应付账款项目的相关内部控制时，察觉到 W 公司的内部控制难以保障应付账款项目的完整性。为证实 W 公司是否存在未入账的应付账款业务，张×应结合（　　　　）程序进行实质性程序。
    A. 主营业务收入分析程序　　　　　B. 存货的监盘
    C. 主营业务成本的核算　　　　　　D. 函证

5. 根据保密原则，以下情形可能不属于注册会计师无意泄密的对象是（　　　　）。
    A. 审计客户的总经理　　　　　　　B. 注册会计师的父亲
    C. 注册会计师的母亲　　　　　　　D. 注册会计师的兄弟

6. 如果注册会计师将可接受检查风险的水平分为高、中、低三种水平，对重大错报风险评估结果为（　　　　）时，则相应的可接受检查风险应为低水平。
    A. 重大错报风险为低水平　　　　　B. 重大错报风险为高水平
    C. 重大错报风险与检查风险无关　　D. 以上都不对

7. 如果注册会计师发现被审计单位有总金额超过重要性水平、账龄长达三年的应收账款，且被审计单位对此进行了适当的披露，则这部分应收账款的收回与否导致对被审计单位的持续经营假设合理性产生重大影响时，注册会计师应当（　　　　）。
    A. 发表否定意见　　　　　　　　　B. 发表无法表示意见
    C. 出具保留意见　　　　　　　　　D. 在意见段后增设强调事项段

8. 审计人员在执行审计业务时应保持合理的职业谨慎，就是要求审计人员（　　　　）。

A. 一丝不苟的从事审计工作   B. 具备从事审计工作必要的技能和知识

C. 保持独立性   D. 严格遵循审计准则的各项要求

9. 注册会计师在执行审计业务时，与委托单位之间必须实实在在地毫无利害关系，这种独立称为（   ）。

A. 思想上独立   B. 形式上独立

C. 实质上独立   D. 经济上独立

10. 在对外投资业务处理过程中，下列不属于不相容岗位的是（   ）。

A. 预算的编制与审批   B. 分析论证与评估

C. 编制记账凭证和登记明细账   D. 投资处置的审批与执行

11. 在我国古代审计活动中，"宰夫"一职出现于（   ）。

A. 东汉   B. 西周

C. 宋朝   D. 唐朝

12. 以下关于审计重要性的说法中，不正确的是（   ）。

A. 需要运用职业判断

B. 评估重要性时，要考虑数量和性质两个方面

C. 重要性的确定离不开具体环境

D. 只有在制订审计计划时，才需要评估重要性

13. 对于大额逾期的应收账款经第二次函证仍未回函，注册会计师应当执行的审计程序是（   ）。

A. 提请被审计单位对相应账户进行修改

B. 继续进行第三次函证

C. 审查顾客订货单、销售发票及产品发运记录

D. 审查顾客明细账

14. 下列各项，属于存货控制测试审计程序的是（   ）。

A. 检查存货定期盘点制度的建立和执行情况

B. 核对各存货项目账实是否相符

C. 审查存货计价是否准确

D. 进行购货业务年底截止测试

15. 以下各项中，不应计入材料采购成本的是（   ）。

A. 材料买价   B. 运杂费

C. 入库前加工整理费   D. 储存保管费

16. 下列说法正确的是（   ）。

A. 审计计划是在具体执行审计程序之前编制的工作计划，一旦确定就不可以更新或修改

B. 在审计职能的侧重点方面，内部审计应当侧重于经济鉴证职能

C. 对于出现错报或漏报可能性较大的账户或交易，可以将重要性水平确定高一些，以节省审计成本

D. 财务报表审计目标的导向作用决定了注册会计师是否能够承接该被审计单位的年报审计

17. 为了确定乙公司是否存在已减少的固定资产未入账的情况，审计人员准备实施的下列审计程序中不恰当的是（　　　　）。

    A. 检查固定资产的所有权凭证

    B. 分析营业外收支账户

    C. 询问乙公司固定资产管理部门

    D. 以固定资产明细账为起点，进行实地追查

18. 重要性取决于在具体环境下对错报金额和性质的判断。以下关于重要性的说法，不正确的是（　　　　）。

    A. 财务报表错报包括财务报表金额的错报和财务报表披露的错报

    B. 不同的注册会计师在确定同一被审计单位财务报表层次和认定层次的重要性水平时，得出的结果可能不同

    C. 重要性的确定可以离开具体环境

    D. 如果财务报表中的某项错报足以改变或影响财务报表使用者的相关决策，则该项错报就是重要的

19. 如果集团项目合伙人认为由于集团管理层施加限制，使集团项目组无法获得充分适当的审计证据，集团合伙人应当视具体情况采取的措施，不包括（　　　　）。

    A. 如果是新项目，则可考虑拒绝接受委托

    B. 发表无法表示意见

    C. 根据组成部分在集团中的重要程度来决定

    D. 要求管理层签订责任书

20. 鉴证业务要素不包括（　　　　）。

    A. 鉴证对象　　　　　　　　　　B. 鉴证对象信息

    C. 证据　　　　　　　　　　　　D. 鉴证报告

二、多项选择题（下列每小题有 A、B、C、D 四个备选答案，有两个或两个以上符合题意，请将正确选项填入括号中。）

1. 下列说法正确的是（　　　　）。

    A. 承接审计业务是注册会计师的初步业务活动，关键是对客户情况进行初步了解，签订审计业务约定书

    B. 请购单不用事先编号，但须经过签字批准

    C. 审计证据的适当性是指对审计证据质量的衡量

    D. 除无记名证券外，企业在购入股票或债券时，应在购入当日尽快登记，可先登记在经办人员名下，而后再登记在企业名下

2. 以下交易或事项，与准确性目标直接相关的错误不包括（　　　　）。

    A. 确认销售交易的原始单据中没有发货单

    B. 确认采购交易的原始单据中没有验收单

    C. 销售发票上列示的商品单价与经授权的价目表上的单价不符

D. 销售日记账中记录的一笔销售收入金额为 10 000 元，与之相对应的原始单据上的金额是 1 000 元

3. 以下测试，不能验证应付账款是真实存在的是（   ）。

    A. 将应付账款清单加总

    B. 抽取购货合同、购货发票和入库单等凭证，追查至应付账款明细账

    C. 从应付账款明细账追查至购货合同、购货发票和入库单等凭证

    D. 函证应付账款，重点是大额、异常项目

4. 以下审计程序，不能证明投资性房地产的"权利和义务"认定的是（   ）。

    A. 检查建筑物权证、土地使用权证等证明文件，确定建筑物、土地使用权是否归被审计单位所有

    B. 与被审计单位讨论，以确定划分为投资性房地产的建筑物、土地使用权是否符合会计准则的规定

    C. 结合银行借款等的检查，了解建筑物、土地使用权是否存在抵押、担保情况

    D. 采用公允价值模式的，说明公允价值的确定依据和方法，以及公允价值变动对损益的影响

5. 审计工作底稿，是指注册会计师对（   ）做出的记录。

    A. 审计计划   B. 审计程序

    C. 审计证据的收集   D. 审计结论的出具

6. 注册会计师为了确定应付债券账户期末余额的真实性，应选择的函证对象有（   ）。

    A. 债权人   B. 债券的承销人

    C. 发行债券的公司   D. 债券包销人

7. 下列项目中，不应确认为收入的有（   ）。

    A. 按合同约定分期销售商品的   B. 销售只收取手续费的代销产品

    C. 销售时，价款中所含的增值税金   D. 销售产品代垫的运杂费

8. 以下关于审计风险的几种说法，正确的有（   ）。

    A. 审计风险可以完全消除

    B. 审计风险由重大错报风险与检查风险组成

    C. 审计风险可以通过审计程序设计的合理性和执行的有效性来降低

    D. 审计风险与重大错报风险之间呈正向关系

9. 下列说法，正确的有（   ）。

    A. 注册会计师通过对长期挂账的应付账款的分析，并依据被审计单位对此所作的解释，有助于判断被审计单位是否缺乏偿还债务的能力

    B. 进行应收账款的账龄分析，有助于帮助财务报表使用者了解坏账准备的计提是否充分

    C. 管理层、治理层认可并理解其对财务报表的责任是注册会计师执行审计工作的前提

    D. 对应收账款函证，一般采用否定式函证

10. 目前我国《注册会计师法》规定的可采用的会计师事务所的组织形式不包括（   ）。

    A. 独资会计师事务所   B. 普通合伙制会计师事务所

    C. 有限公司制会计师事务所   D. 有限责任合伙制会计师事务所

三、判断分析题（判断下列说法是否正确，若正确请在括号内打√，否则打×。如果不正确请说明理由。）

1. 通常将业务流程中的控制划分为预防性控制和检查性控制。　　　　（　　　）
　　理由：

2. 特别风险通常与重大非常规交易和判断事项有关。　　　　　　　（　　　）
　　理由：

3. 进一步审计程序的范围是指实施进一步审计程序的数量，但不包括抽取的样本量、对某项控制活动观察次数。　　　　　　　　　　　　　　　　（　　　）
　　理由：

4. 控制测试可以用于被审计单位每个层次的内部控制。　　　　　　（　　　）
　　理由：

5. 实质性程序就是指实质性分析程序。　　　　　　　　　　　　　（　　　）
　　理由：

6. 穿行测试是通过追踪交易在财务报告信息系统中的处理过程，来证实注册会计师对控制的了解、评价控制设计的有效性以及确定控制是否得到执行。　　　（　　　）
　　理由：

7. 如果认为仅通过实质性程序获取的审计证据无法将认定层次的重大错报风险降至可接受的低水平，注册会计师应当评价被审计单位针对这些风险设计的内部控制，并确定其执行情况。　　　　　　　　　　　　　　　　　　　　　　　　（　　　）
　　理由：

8. 在实施实质性程序后，如果通过实施进一步审计程序获取的审计证据与初始评估获取的审计证据相矛盾，注册会计师应当修正风险评估结果，并对原计划实施的进一步审计程序做相应修改。　　　　　　　　　　　　　　　　　　　　　　　　（　　　）
　　理由：

9. 注册会计师可以根据对认定层次重大错报风险的评估结果，恰当选用实质性方案或综合性方案。　　　　　　　　　　　　　　　　　　　　　　　　（　　　）
　　理由：

10. 如果被审计单位的内部控制在剩余期间发生了变化，注册会计师仍然可以信赖期中获取的审计证据。　　　　　　　　　　　　　　　　　　　（　　　）
　　理由：

四、简答题

1. 存货监盘时，注册会计师应当实施哪些审计程序？
2. 什么情况下，注册会计师会选择较低的百分比来确定实际执行的重要性水平？
3. 实行函证程序时需要考虑的因素有哪些？
4. ABC 会计师事务所负责审计甲公司 2017 年度财务报表，审计项目组在审计工作底稿中记录了与公允价值和会计估计审计相关的情况，部分内容摘录如下：

（1）审计项目组通过了解会计准则对管理层会计估计要求，了解管理层如何识别需要作出会计估计的财务报表项目，形成了对会计估计重大错报风险的评估结果。

（2）审计项目组通过了解管理层用以作出会计估计的方法、管理层是否利用专家的工作、会计估计所依据的假设、作出会计估计的方法以及管理层评估估计不确定性的影响，评估管理层作出会计估计的方法和依据不存在重大错报风险。

（3）截至审计报告日前，审计项目组发现，甲公司 2017 年 12 月 31 日在财务报表中确认的某项资产的会计估计金额与该事项在审计报告日前实际结果存在差异，审计项目组将该会计估计评估为特别风险，作为高度估计不确定会计估计事项记入审计工作底稿。

（4）针对甲公司管理层 2017 年度未决诉讼事项的会计估计，截至审计报告日前，审计项目组对该事项进行了重新估计，其结果与管理层财务报表日确认的金额存在重大差异，审计项目组提请管理层调增 2017 年 12 月 31 日财务报表的营业外支出和预计负债。

（5）审计项目组在运用区间估计评价管理层点估计时，通过缩小区间估计直至该区间估计范围内的所有结果均被视为是可能的。

（6）甲公司管理层预计竞争对手很快推出新产品，将 B 类固定资产折旧方法由直线法变更为年数总和法。

要求：

针对上述第（1）至（6）项，逐项指出审计项目组的做法是否恰当，并简要说明理由。

五、案例分析

1. A 会计师事务所对专业从事电脑生产的 ABC 公司执行 2017 年年报审计。B 注册会计师负责执行营业外收支科目的审计。

（1）B 注册会计师在执行细节测试时发现，ABC 公司一笔金额 30 万元的营业外收入凭证后没有支持性单据。经询问财务人员，B 注册会计师了解到根据以前年度经验，政府均会在年底奖励 30 万元给企业综合实力排名跻身某市 50 强的 ABC 公司。2017 年由于排名还未出炉，因此该奖励延迟。公司根据往年经验，对于该笔款项 2017 年的账务处理为：

借：其他应收款　　　　　　　300 000

　　贷：营业外收入　　　　　　　　300 000

（2）B 注册会计师在分析营业外支出明细账时发现 2017 年一笔 ABC 公司发放的奖励公司内部劳模的奖励费 15 万元。ABC 公司账务处理为：

借：营业外支出　　　　　　　150 000

　　贷：银行存款　　　　　　　　　150 000

（3）我们在分析营业外收入明细账时发现 2017 年 12 月有一笔款项用于补助 ABC 公司智能化生产线项目，该笔政府补助款项 300 万元已支付给 ABC 公司，且我们能在凭证后看到政府的相关补助文件和银行回单等资料。客户的账务处理为：

借：银行存款　　　　　　　　3 000 000

　　贷：营业外收入　　　　　　　　3 000 000

要求：

针对（1）~（3）小题的情况，判断 ABC 公司在 2017 年的账务处理是否正确。如果不正确，请出具 2017 年相应的审计调整分录并说明理由。

2. A 会计师事务所对制造业 ABC 公司执行 2017 年年报审计。B 注册会计师负责借款科目的年报审计工作。

事项 1：在审计过程中了解到 ABC 公司向工商银行渝北支行的一笔 300 万元的长期借款，借款日为 2015 年 6 月 1 日，还款日为 2018 年 6 月 1 日。根据与银行签署的还款协议，还款明细如表 1 所示。

表 1　还款明细

	借款日	还款日	还款额
	2015 年 6 月 1 日		
第一次还款		2016 年 6 月 1 日	100 万元
第二次还款		2017 年 6 月 1 日	100 万元
第三次还款		2018 年 6 月 1 日	100 万元

截至 2017 年 12 月 31 日，客户将 100 万元的借款余额列示在长期借款科目中。

事项 2：在审计过程中 B 注册会计师了解到 ABC 公司将向从事制造业的 NF 集团借入的一笔金额为 200 万元的一年期借款列示在短期借款中。

要求：

针对事项 1 和事项 2 的情况，判断 ABC 公司在 2017 年的账务处理是否正确。如果不正确，请出具 2017 年相应的审计调整分录并说明理由。

第八套试题

一、单项选择题（下列每小题有 A、B、C、D 四个备选答案，只有一个符合题意，请将正确选项填入括号中。）

1. 审计主体是审计的（　　　　）。
   A. 执行者　　　　　　　　　　　　B. 授权者
   C. 委托者　　　　　　　　　　　　D. 被审计单位

2. 为了体现审计的本质，在审计机构设置和实施审计过程中，必须遵循（　　　　）原则。
   A. 可靠性　　　　　　　　　　　　B. 准确性
   C. 独立性　　　　　　　　　　　　D. 谨慎性

3. 下列各项中，属于注册会计师审计"其他责任"职业道德的是（　　　　）。
   A. 不得对或有事项可实现程度做出保证
   B. 不得以不正当手段与同行恶性竞争
   C. 不限制外地事务所在本地承接业务
   D. 不允许他人借用本人、本所的名义承接业务

4. 某会计师事务所在确定对 ABC 公司 2018 年度会计报表进行审计的审计小组组成时，下列拟作为项目负责人的注册会计师中，其独立性可能会受到损害的是（　　　　）。
   A. A 注册会计师 2016 年 1 月进入会计师事务所前在 ABC 公司担任总会计师
   B. B 注册会计师的弟弟持有 ABC 公司 2 000 股股票
   C. C 注册会计师的姐姐在 ABC 公司担任出纳
   D. D 注册会计师的中学同学现任 ABC 公司的会计

5. 注册会计师接受委托对 2018 年 X 股份有限公司财务报表进行了审计，下列选项中属于"鉴证对象"的是（　　　　）。
   A. X 公司 2018 年财务报表
   B. X 公司 2018 年 12 月 31 日的财务状况以及该年度的经营成果和现金流量
   C. X 公司 2018 年度的财务状况、经营成果和现金流量
   D. X 公司 2018 年利润表

6. 会计师事务所 2018 年 3 月对 A 公司 2017 年度会计报表审计后，决定以后不再接受 A 公司的委托审计，则该事务所对 A 公司 2017 年度形成的长期档案应保存至（　　　　）。
   A. 2020 年 3 月　　　　　　　　　B. 2027 年 3 月
   C. 2028 年 3 月　　　　　　　　　D. 永久保存

7. 在资产负债表中列作长期负债的各项负债，在一年内不会到期，这属于管理当局的

（　　　　　）认定。

    A. 估价或分摊
        B. 分类

    C. 权利和义务
        D. 存在或发生

8. 下列各项中，属于注册会计师总体审计计划审核事项的是（　　　　　）。

    A. 审计程序能否达到审计目标

    B. 审计程序能否适合各项审计项目的具体情况

    C. 重要性水平的确定和审计风险的评估是否恰当

    D. 重点审计程序的制定是否恰当

9. 下列各项审计证据中证据力最可靠的是（　　　　　）。

    A. 银行对账单
        B. 管理当局的声明书

    C. 盘点清单
        D. 请购单

10. 在了解控制环境时，注册会计师通常考虑的因素是（　　　　　）。

    A. 内部控制的设计者

    B. 内部控制的自动化成分

    C. 丙公司董事会对内部控制重要性的态度和认识

    D. 内部控制的执行情况

11. 内部控制无论如何设计和执行只能对财务报告的可靠性提供合理保证，原因是（　　　　　）。

    A. 建立和维护内部控制是公司管理层的职责

    B. 内部控制的成本不应超过预期带来的收益

    C. 在决策时人为判断可能出现错误

    D. 对资产和记录采取适当的安全保护措施是公司管理层应当履行的经管责任

12. 为了证实被审计单位某月份关于销售收入的"计价或分摊"认定，下列最有效的审计程序是（　　　　　）。

    A. 汇总当月销售收入明细账的金额，与当月开出销售发票的金额相比较

    B. 汇总当月销售收入明细账的笔数，与当月开出销售发票的张数相比较

    C. 汇总当月销售发票的金额，与当月所开发运凭证及商品价目表相核对

    D. 汇总当月销售收入明细账的销售数量，与当月开出发运单销售数量相比较

13. 注册会计师向债务人函证应收账款的主要目的是为了（　　　　　）。

    A. 证实债务人的存在和被审计单位记录的真实性

    B. 确定应收账款能否收回

    C. 符合专业标准的设计

    D. 确定应收账款的收回期

14. 在下列财务报表项目中，一般情况下，不需要函证的项目是（　　　　　）。

    A. 应收账款
        B. 银行存款

    C. 预付账款
        D. 应收票据

15. X 是 YQ 会计师事务所派往甲公司实施存货监盘的人员。在甲公司盘点存货之前，X 应当（　　　　　）。

    A. 跟随被审计单位的盘点人员

B. 观察存货盘点计划的执行情况

C. 确定存货数量和状况记录的准确性

D. 观察盘点现场存货的排列情况以及是否附有盘点标识

16. 注册会计师审计 B 公司长期借款业务时，为确定"长期借款"账户余额的真实性，可以进行函证。函证的对象应当是（   ）。

A. B 公司的退休员工 　　　　　　B. 银监会

C. B 公司存过款的所有银行 　　　D. B 公司的股东

17. 注册会计师对 A 公司 2018 年度财务报表进行审计时，发现该公司 2016 年年初按投资份额出资 160 万元对 B 公司进行长期股权投资，占 B 公司股权比例的 40%，A 公司没有 B 公司的其他长期权益。当年 B 公司亏损 200 万元；2017 年 B 公司亏损 300 万元；2018 年 B 公司实现净利润 10 万元。则注册会计师认为 2018 年 A 公司应计入投资收益的金额为（   ）。

A. 12 万元 　　　　　　　　　　B. 10 万元

C. 8 万元 　　　　　　　　　　　D. 0 万元

18. 在对库存现金进行盘点时，时间最好选择在上午上班前或下午下班时进行，主要为了证实的认定是（   ）。

A. 完整性 　　　　　　　　　　　B. 发生

C. 存在 　　　　　　　　　　　　D. 权利和义务

19. 验证被审计单位银行存款首付截止日期是为了（   ）。

A. 确保被审计单位银行存款余额的正确性

B. 确保被审计单位所有收款均已入账

C. 确保被审计单位所有已付款均已入账

D. 确保属于本期和属于下一会计期间的收支业务恰当计入其所属的会计期间

20. 以下说法中，不正确的是（   ）。

A. 若客户拒绝进行必要的调整，注册会计师可根据情况发表无法表示意见

B. 若客户拒绝进行必要的披露，注册会计师可根据情况发表保留或否定意见

C. 若客户拒绝进行必要的调整，注册会计师可根据情况发表保留意见

D. 若客户拒绝进行必要的披露和调整，注册会计师可根据情况发表无保留意见

二、多项选择题（下列每小题有 A、B、C、D 四个备选答案，有两个或两个以上符合题意，请将正确选项填入括号中。）

1. 下列属于审计要素的有（   ）。

A. 注册会计师 　　　　　　　　　B. 财务报表

C. 财务报表编制基础 　　　　　　D. 审计证据

2. 如果鉴证小组成员或其直系亲属在鉴证客户内拥有直接经济利益或重大的间接经济利益，所产生的经济利益威胁就会非常重要。下列选项中，不属于有效防范措施的有（   ）。

A. 在该成员成为鉴证小组成员之前将直接的经济利益全部处置

B. 在该成员成为鉴证小组成员之前将间接的经济利益全部处置，或将其中的足够数量处置，使剩余利益不再重大

C. 让该鉴证成员写下保证书，保证经济利益对独立性不会产生影响

D. 提供交叉核对

3. 由于被审计单位责任，造成注册会计师法律责任的成因不包括（　　　）。

    A. 错误、舞弊与违法行为　　　　　　　　B. 经营失败

    C. 违约　　　　　　　　　　　　　　　　D. 过失

4. 需要合理运用重要性原则的情况是（　　　）。

    A. 确定是否接受委托

    B. 确定各项目允许出现差错的限额

    C. 执行审计程序

    D. 评价审计结果

5. 下列证据中，不属于书面证据的有（　　　）。

    A. 董事会会议记录

    B. 审计人员询问有关人员后，对回答所做的记录

    C. 会计凭证

    D. 通过盘点取得的存货数量的证据

6. 下列（　　　）情形存在时，注册会计师依据样本得出的结论可能与总体实施同样的审计程序得出的结论不同，出现不可接受的风险。

    A. 从总体中选择的样本量过小

    B. 选择的抽样方法对实现特定目标不适当

    C. 审计人员数量过少

    D. 审计经费太少

7. 审计人员需要函证应付账款的情况包括（　　　）。

    A. 应付账款的固有风险较低　　　　　　B. 应付账款的控制风险较高

    C. 某应付账款账户金额较大　　　　　　D. 某应付账款账户期末余额为零

8. 营业成本审计不包括（　　　）审计。

    A. 直接材料　　　　　　　　　　　　　B. 直接人工

    C. 所得税费用　　　　　　　　　　　　D. 税金及附加

9. 审计人员在审计资本公积明细账时，若发现以下内容转增资本，则可以认为不正常的有（　　　）。

    A. 资本溢价　　　　　　　　　　　　　B. 关联方交易差价

    C. 股权投资准备　　　　　　　　　　　D. 拨款转入

10. 下列各项货币资金中，注册会计师审计后应当提请被审计单位通过"其他货币资金"科目核算的有（　　　）。

    A. 信用证保证金存款　　　　　　　　　B. 备用金

    C. 存出投资款　　　　　　　　　　　　C. 银行本票存款

三、判断分析题（判断下列说法是否正确，若正确请在括号内打√，否则打×。如果不正确请说明理由。）

1. 财务报表审计的组织方式主要是账户法和循环法。　　　　　（　　　　　）

  理由：

2. 生产与存货环节的审计无须关注产品的成本核算环节。　　　（　　　　　）

  理由：

3. 舞弊导致的重大错报未被发现的风险大于错误导致的重大错报未被发现的风险。

  （　　　　　）

  理由：

4. 后任注册会计师与前任会计师的沟通无须征得被审计单位的同意。（　　　　　）

  理由：

5. 利用内部审计工作可以在一定程度上减轻注册会计师的责任。（　　　　　）

  理由：

6. 项目合伙人应当对会计师事务所的质量控制制度承担最终责任。（　　　　　）

  理由：

7. 注册会计师可以在期中或期末实施控制测试或实质性程序，当重大错报风险较高时，注册会计师应当考虑在期末或接近期末实施实质性程序，或采用不通知的方式，或在管理层不能预见的时间实施审计程序。　　　　　　　　　　（　　　　　）

  理由：

8. 无论评估的重大错报风险结果如何，注册会计师都应当针对所有重大的各类交易、账户余额、列报实施实质性程序。　　　　　　　　　　（　　　　　）

  理由：

9. 注册会计师对控制环境的了解影响其对财务报表层次重大错报风险的评估。有效的控制环境可以增加注册会计师对内部控制和被审计单位内部产生的证据的信赖程度。

  （　　　　　）

  理由：

10. 进一步审计程序是相对风险评估程序而言的，是指注册会计师针对评估的各类交易、账户余额、列报认定层次重大错报风险实施的审计程序，包括控制测试和实质性分析程序。

  （　　　　　）

  理由：

四、简答题

1. 简述分析程序的概念及其目的。
2. 简述统计抽样和非统计抽样各自的优点和缺点。
3. 简述应收账款的函证程序决策应考虑的因素。
4. ABC 会计师事务所首次接受甲公司委托，委派 A 注册会计师担任甲公司 2015 年度财务报表审计业务的项目合伙人。审计工作底稿记载的相关情况如下：

（1）由于首次接受审计委托，对甲公司及其环境缺乏充分了解，A 注册会计师决定直接采纳甲公司内部审计部门对其 2015 年度财务报表确定的重要性水平。

（2）由于甲公司没有清楚地界定治理结构，甲公司也没有指定适当的沟通对象，导致 A 注册会计师无法识别与治理层沟通的具体对象，拟按审计范围受到重大限制发表非无保留意见。

（3）A 注册会计师聘请某专家形成点估计，以便与管理层的点估计进行比较。为此要求审计项目组成员评价专家是否已经充分复核了管理层做出会计估计时使用的假设和方法。

（4）对拟利用的内部审计人员的特定工作，A 注册会计师要求项目组成员专门进行评价并实施特定审计程序，以确定内部审计人员的特定工作是否得到适当的监督、复核和记录。

（5）A 注册会计师拟在审计报告的其他事项段中指明，因未能与前任注册会计师进行有效沟通，导致审计范围受到重大限制。

（6）甲公司存在影响持续经营能力的重大疑虑事项，甲公司财务报表附注已披露。A 注册会计师认为持续经营假设适当但是存在重大不确定性，A 注册会计师拟出具带强调事项段的无保留意见。

要求：

分别针对上述（1）~（6），指出 A 注册会计师的处理是否恰当。如不恰当，简要说明理由。

五、案例分析

1. A 会计师事务所对 ABC 公司执行 2017 年年报审计。B 注册会计师负责费用和应付职工薪酬科目的审计工作。

事项 1：ABC 公司根据市场需求，2017 年 10 月份开始新建厂房以扩大生产量。新建厂房预计后年完工。B 注册会计师发现 ABC 公司将 2017 年 10 月至 12 月份公司销售部、其他行政管理部门和工程建设部员工的工资和五险一金，金额合计 60 万元均计入在建工程科目中。B 注册会计师进一步了解到 ABC 公司相关部门人数如下：销售部 5 人，工程建设部 5 人（假设其全部直接从事厂房新建），其他行政管理部门 5 人。

事项 2：B 注册会计师在对 ABC 公司的子公司 D 公司的应付职工薪酬科目执行五险一金合理性测试时，获得如下数据：D 公司以 2016 年工资总额 30 万元作为计提五险一金基数，养老保险单位计提比例为 11%。经查重庆市社保局 2017 年有关规定，发现 D 公司社保计提基数符合规定，养老保险单位计提比例规定应按 19% 进行计提。D 公司共有 8 人，其中销售部 3 人，财务部 3 人，人力资源部 2 人。

要求：

针对事项 1 和事项 2 的情况，判断 ABC 公司及其子公司 D 公司在 2017 年的账务处理是否正确。如果不正确，请出具 2017 年相应的审计调整分录并说明理由。

2. 注册会计师 A 负责汽车制造业的 ABC 公司 2016 年年报审计中收入和应收账款的审计。在审计过程中其发现客户如下情况（假设增值税税率为 17%）：

事项 1：注册会计师 A 在收回对 E 单位关于应收账款余额询证函时，发现应收账款回函金额与公司账面金额不符，ABC 公司 2016 年 12 月 31 日账面余额较 E 单位账面挂账金额少了 1 755 000 元。在期后测试中，A 注册会计师发现 ABC 公司 2017 年 1 月 15 日一笔金额为 1 755 000 元的销售收入确认凭证后附的发票日期为 2016 年 12 月 23 日，出库单日期为 2016 年 12 月 5 日。该批销售的商品成本为 100 万元也在 2017 年 1 月 15 日同时结转。

事项 2：注册会计师 A 了解到 ABC 公司应收账款坏账准备的计提政策为对于关联方不计提坏账，对于第三方公司一年以内的应收账款 ABC 公司不计提坏账，1～2 年公司计提 40%，2～3 年计提 70%，3 年以上计提 100%。ABC 公司截止到 2016 年 12 月 31 日应收账款余额为 5 000 万元，其中对关联方的应收账款余额为 2 000 万元，对第三方的应收账款中 1 年以内的应收账款余额为 2 000 万元，1～2 年的应收账款余额为 500 万元，2～3 年的应收账款余额 250 万元，3 年以上应收账款余额 250 万元。经评估客户应收账款坏账准备计提政策合理。客户账面应收账款坏账准备截止到 2016 年 12 月 31 日余额为 500 万元。

要求：

针对事项 1 和事项 2 的情况，判断 ABC 公司在 2016 年的账务处理是否正确。如果不正确，请出具 2016 年相应的审计调整分录并说明理由。

第九套试题

一、单项选择题（下列每小题有 A、B、C、D 四个备选答案，只有一个符合题意，请将正确选项填入括号中。）

1. 审计的对象，可以概括为被审计单位的（   ）。
   A. 财务会计资料
   B. 财务报表
   C. 财务收支活动
   D. 经济活动

2. 函证程序针对以下认定，能够提供可靠证据的是（   ）。
   A. 存在
   B. 截止
   C. 计价与分摊
   D. 以上均正确

3. 下列不属于鉴证业务的是（   ）。
   A. 财务报表审计
   B. 财务报表审阅
   C. 内部控制的审计
   D. 代编财务信息

4. 注册会计师审计起源于（   ）。
   A. 16 世纪的意大利
   B. 16 世纪的英国
   C. 16 世纪的美国
   D. 18 世纪的美国

5. 编制审计报告时应对审计证据进行取舍，以下可作为取舍标准的是（   ）。
   A. 取证的成本
   B. 问题性质的严重程度
   C. 所涉及的账户本身的重要性
   D. 交易发生的时间

6. 具体审计计划的内容不包括（   ）。
   A. 审计目标
   B. 审计程序
   C. 执行人及执行日期
   D. 重要性水平

7. 实质性程序的类型包括（   ）。
   A. 控制测试和细节测试
   B. 控制测试和实质性测试
   C. 控制测试和实质性分析程序
   D. 细节测试和实质性分析程序

8. 注册会计师在执行财务报表审计时，首先应了解被审计单位及其环境，以识别和评估（   ）。
   A. 检查风险
   B. 审计风险水平
   C. 控制风险水平
   D. 重大错报风险

9. 以下不属于会计师事务所泄密的是（   ）。
   A. 允许投资人查询被审查单位的档案
   B. 办理了必要的手续后，允许法院依法查阅审计档案

C. 允许其他客户查询被审查单位的档案

D. 允许家属查阅被审计单位的档案

10. 以下属于仅实施实质性程序无法应对的重大错报风险的是（　　　　）。

   A. 对日常交易采用高度自动化处理的情况　　　　B. 负债确认

   C. 费用确认　　　　D. 收入确认

11. 注册会计师是否承担民事侵权赔偿责任的关键是（　　　　）。

   A. 是否查出财务报表所有重大错报

   B. 是否查出财务报表所有重大错误、舞弊和违法违规行为

   C. 是否按照执业准则的要求执业

   D. 是否有过失或欺诈行为

12. 当评估的财务报表层次重大错报风险属于高风险水平（并相应采取更强调审计程序不可预见性，重视调整审计程序的性质、时间和范围等总体应对措施）时，注册会计师通常拟实施进一步审计程序的总体方案更倾向于（　　　　）。

   A. 综合性方案　　　　B. 实质性方案

   C. 风险评估程序　　　　D. 控制测试方案

13. 进一步审计程序的类型包括（　　　　）。

   A. 控制测试和实质性测试

   B. 控制测试和细节测试

   C. 细节测试和实质性分析程序

   D. 控制测试和实质性分析程序

14. 审计产生和发展的客观依据是（　　　　）。

   A. 委托监督检查关系　　　　B. 制约控制关系

   C. 效益评价关系　　　　D. 委托经济责任关系

15. 下列各项不属于控制测试的程序的有（　　　　）。

   A. 检查是否给客户按月寄送对账单

   B. 检查开票、记录销售与收取现金的职责是否分离

   C. 检查发货凭证是否预先编号并已做说明

   D. 向银行发函证，询问应收账款余额是否正确

16. 了解被审计单位投资活动有助于注册会计师关注被审计单位在经营策略和方向上的重大变化。下列情况中，不属于注册会计师应当了解的被审计单位投资活动的是（　　　　）。

   A. 证券投资、委托贷款的发生与处置

   B. 衍生金融工具的运用

   C. 近期拟实施或已实施的并购活动与资产处置情况

   D. 购置固定资产和无形资产的活动

17. 在考虑实质性程序的时间时，如果识别出由于舞弊导致的重大错报风险，注册会计师应当（　　　　）。

   A. 实施将期中结论延伸至期末的实质性程序

   B. 在期中实施实质性程序

   C. 在期中和期末都实施实质性程序

D. 在期末或接近期末实施实质性程序

18. 下列不属于销售与收款循环主要业务活动的是（　　　）。

  A. 接受客户订单   B. 验收商品

  C. 批准赊销信用   D. 注销坏账

19. 财务报表审计的判断标准是（　　　）。

  A. 企业内部会计制度   B. 会计准则

  C. 审计准则   D. 有关法律规定

20. 对以前获取的有关内部控制有效性的审计证据，如果本期评估的重大错报风险属于高水平，注册会计师应当（　　　）。

  A. 信赖以前审计获取的审计证据

  B. 部分信赖以前审计获取的审计证据

  C. 完全不信赖以前审计获取的审计证据

  D. 不再对控制的有效性进行测试

二、多项选择题（下列每小题有 A、B、C、D 四个备选答案，有两个或两个以上符合题意，请将正确选项填入括号中。）

1. 注册会计师在审计 2017 年的财务报表时发现，LG 公司 2018 年 1 月 15 日主营业务收入明细账中有一笔红字记录，系冲销 2017 年 12 月 26 日记录的一笔大额收入，对此注册会计师采取的措施最恰当的是（　　　）。

  A. 应检查相关的凭证确认退货的真实性

  B. 如果退货是真实的，应提请 LG 公司调整 2017 年度的收入

  C. 如果退货是真实的，可作为 2018 年度收入的抵减，无须调整

  D. 如果没有发现退货的原始凭证，应实施追加审计程序判断是否属于虚构收入

2. 下列各项中，属于会计咨询、会计服务业内容的是（　　　）。

  A. 管理咨询   B. 代理记账

  C. 审查中期财务报表   D. 税务代理

3. 在电子数据处理环境下，审计师利用计算机辅助审计技术执行审计程序时，可改变审计（　　　）。

  A. 目标与范围   B. 对象与职能

  C. 作用与任务   D. 职能与方式

4. 注册会计师在执业过程中应特别注意保密，以下可能属于无意泄密的对象是（　　　）。

  A. 注册会计师的父亲

  B. 注册会计师的姐姐

  C. 注册会计师的儿子

  D. 注册会计师正在审计其财务报表的客户所在行业的竞争对手

5. 重要性的判断标准不包括（　　　）。

  A. 错报的金额和性质   B. 依据的会计准则

C. 依据的会计政策   D. 管理层声明

6. 下列不属于注册会计师了解被审计单位及其环境的目的是（   ）。

   A. 为了进行风险评估程序

   B. 收集充分适当的审计证据

   C. 为了识别和评估财务报表重大错报风险

   D. 控制检查风险

7. 下列有关审计证据可靠性的表述中，注册会计师不认同的是（   ）。

   A. 内部证据在外流转并获得其他单位承认，则具有较强的可靠性

   B. 被审计单位管理当局声明书有助于审计结论的形成，具有较强的可靠性

   C. 环境证据比口头证据重要，属于基本证据，可靠性较强

   D. 书面证据与实物证据相比是一种辅助证据，可靠性较弱

8. 一般来说，不实行有偿审计的是（   ）。

   A. 国家审计机关   B. 地方审计机关

   C. 社会审计组织   D. 内部审计部门

9. 审计报告的引言段应当说明被审计单位的名称和财务报表已经过审计等内容，包括
（   ）。

   A. 指明财务报表公允反映了财务状况、经营成果和现金流量

   B. 提及财务报表附注

   C. 指出构成整套财务报表的每张财务报表的名称

   D. 指明财务报表的日期和涵盖的期间

10. 下列不可用于保留意见的专业术语有（   ）。

   A. 由于无法实施必要的审计程序   B. 我们认为，上述财务报表

   C. 由于上述问题造成重大影响   D. 除上述问题造成影响外

三、判断分析题（判断下列说法是否正确，若正确请在括号内打√，否则打×。
如果不正确请说明理由。）

1. 财务报表报出日后知悉的事实属于第三时段期后事项，注册会计师没有义务针对财务
报表实施任何审计程序。   （   ）

   理由：

2. 审计报告中无须注明形成审计意见的基础。   （   ）

   理由：

3. 在获取充分、适当的审计证据后，如果认为错报单独或汇总起来对财务报表的影响重
大且具有广泛性，注册会计师应当发表保留意见。   （   ）

   理由：

4. 只有意见分歧得到解决，项目合伙人才能出具报告。   （   ）

   理由：

5. 专业胜任能力可分为两个独立的阶段：专业胜任能力的获取和专业胜任能力的保持。

（　　　）

理由：

6. 标准无保留意见审计报告，是注册会计师对被审计单位会计报表发表不带说明段的无保留意见审计报告。（　　　）

理由：

7. 如果注册会计师根据对被审计单位及其环境的了解，得知本期在生产成本中占比较大的原材料成本大幅度上升，但通过分析程序发现本期与上期的毛利率没有变化。注册会计师可能据此认为销售成本存在重大错报风险。（　　　）

理由：

8. 分析程序既可以用于控制测试，又可以用于实质性程序。（　　　）

理由：

9. 在总体复核阶段实施的分析程序往往集中在财务报表层次，主要强调并解释财务报表项目自上个会计期间以来发生的重大变化。（　　　）

理由：

10. 审计证据的充分性是对审计证据质量的衡量，即审计证据在支持各类交易、账户余额、列报的相关认定，或发现其中存在错报方面具有相关性和可靠性。（　　　）

理由：

四、简答题

1. 注册会计师在利用专家工作时，应注意评价专家的哪些影响事项？

2. 简述项目质量控制复核涉及的内容，并陈述对于上市实体财务报表审计的项目质量控制复核应当额外考虑的工作。

3. 简述书面声明的定义，以及对书面声明日期的要求。

4. ABC 会计师事务所正在制定业务质量控制制度，经过领导层集体研究，确立了下列重大质量控制制度：

（1）上市实体财务报表审计项目组成员每年至少一次必须签署其遵守独立性的电子形式的确认函，其他人员必须每两年至少一次签署其遵守独立性的电子形式的确认函。

（2）ABC 会计师事务所规定，所有上市公司财务报表审计中被评估为高风险的审计项目应当实施项目质量控制复核，其他项目根据相关标准判断是否需要实施项目质量控制复核，如果需要项目质量控制复核，由项目合伙人负责。

（3）ABC 会计师事务所本年合并了 X、Y 两家会计师事务所，由于合并事项复杂，时间较紧，而且 X、Y 两家会计师事务所本身的质量控制政策和程序比较健全和完善，ABC 会计师事务所决定本年内保持 X、Y 两家会计师事务所的质量控制政策和程序不变，不必和 ABC 会计师事务相统一。明年逐步进行整合，确保一年后建立统一的质量控制制度。

（4）如果项目组成员与项目质量控制复核人员发生意见分歧，应当通过向技术部进行书面咨询，在项目质量控制复核人员与项目组的意见分歧得以解决前，未经项目质量控制复核人员同意，项目合伙人不得签发审计报告。

（5）ABC 会计师事务所每三年对已完成的业务进行检查，选取每一位合伙人已完成的一个项目进行检查。如果合伙人在连续两次检查中被评为优秀，以后可每隔五年检查一次。每两年将质量控制的监控结果，传达给项目合伙人及会计师事务所内部的人员。

（6）每年至少一次将在质量控制制度监控中发现的缺陷及其所涉及的具体业务传达给全体项目合伙人及其他业务人员。

要求：

针对上述（1）~（6）项，判断是否存在不当之处。如果存在不当之处，请说明理由。

五、案例分析

1. ABC 会计师事务所对 DEF 公司执行 2017 年年报审计。A 注册会计师负责费用类科目的审计工作。

事项 1：A 注册会计师发现，DEF 公司将人力资源部门 2017 年新进职工工资合计 15 万元计入销售费用；同时公司将旗下某品牌产品的全年媒体广告费用 50 万元计入管理费用。

事项 2：与财务人员沟通发现，2017 年客户未结转最后 1 天的销售成本 500 万元，通过期后细节测试发现客户在 2018 年 1 月 3 日将 2017 最后 1 天的成本结转计入当年。

要求：

判断 DEF 公司在 2017 年的账务处理是否正确。如果不正确，请出具 2017 年相应的审计调整分录并说明理由。

2. 资料 1：ABC 会计师事务所对 DEF 公司 2017 年财务报表进行审计。A 注册会计师对 DEF 公司的各业务循环的内部控制进行了解和测试，发现如下情况：

（1）公司每月月底取得银行对账单并由出纳编制银行存款余额调节表。

（2）公司规定，采购金额在 50 万元以下的，由采购部经理批准；采购金额超过 50 万元的，由总经理批准。但由于总经理不在公司无法审批而生产车间又急需采购材料时，采购部经理多次批准了金额超过 50 万元的采购申请。

（3）公司每年 12 月 28 日后发出的存货在仓库的台账上记录，但未在财务部门的会计账上反映。

资料 2：B 注册会计师担任 DEF 公司 2017 年度内部控制审计的项目合伙人，相关情况如下：

（1）B 注册会计师认为内部控制审计的审计意见的覆盖范围是财务报表内部控制的有效性。

（2）B 注册会计师认为如果多项控制能够实现同一目标，注册会计师有必要了解与该目标相关的每一项控制。

（3）被审计单位某项财务报告内部控制存在重大缺陷且不存在审计范围受限，B 注册会计师据此对被审计单位财务报告内部控制发表了否定意见。

要求：

（1）根据上述资料 1 中（1）~（3）种情况，逐项指出 DEF 公司是否存在内部控制缺陷。如存在，请指出其内部控制缺陷，并简要说明理由，提出改进建议。

（2）针对上述资料 2 中事项（1）~（3），假定不考虑其他条件，逐项指出 B 注册会计师的做法是否恰当。如不恰当，简要说明理由。

第十套试题

一、单项选择题（下列每小题有 A、B、C、D 四个备选答案，只有一个符合题意，请将正确选项填入括号中。）

1. 国家审计、社会审计、内部审计三者最大的区别体现为（   ）。
   A. 审计内容　　　　　　　　　　　B. 审计主体
   C. 审计客体　　　　　　　　　　　D. 审计目的

2. 审计最基本的证据形式是（   ）。
   A. 实物证据　　　　　　　　　　　B. 书面证据
   C. 环境证据　　　　　　　　　　　D. 口头证据

3. 注册会计师职业规范体系的核心是（   ）。
   A. 审阅准则　　　　　　　　　　　B. 审计质量控制准则
   C. 审计准则　　　　　　　　　　　D. 职业后续教育准则

4. 被审计单位借入了长期负债，在年末计算利息的时候算错了相应的利息金额，则被审计单位管理当局违反的"认定"是（   ）。
   A. 计价与分摊　　　　　　　　　　B. 权利和义务
   C. 存在或发生　　　　　　　　　　D. 表达与披露

5. 当被审计单位会计政策的选用、会计估计的作出或财务报表的披露不符合适用的会计准则和相关会计制度的规定，或因审计范围受到限制，无法获取充分、适当的审计证据，所涉金额超过重要性水平，在某些方面影响财务报表使用者的决策，但对财务报表整体仍然是公允的，注册会计师可以出具的审计报告是（   ）。
   A. 无保留意见　　　　　　　　　　B. 无保留意见加强调事项段
   C. 保留意见　　　　　　　　　　　D. 保留意见加强调事项

6. 审计证据适当性是指审计证据的相关性和可靠性。相关性是指审计证据应与（   ）相关。
   A. 审计目的　　　　　　　　　　　B. 审计范围
   C. 被审计单位的财务报表　　　　　D. 客观事实

7. 采购与付款业务循环的起点是（   ）。
   A. 编制采购计划　　　　　　　　　B. 验收商品或接受劳务
   C. 商品或劳务转化为应付账款　　　D. 支出货币资金

8. 针对完整性的认定，一般宜采用（   ）。
   A. 顺查法　　　　　　　　　　　　B. 逆查法

C. 详查法   D. 抽查法

9. 注册会计师从被审计单位的验收单追查至相应的采购明细账，是为了证实购货与付款循环中的（　　　）。

    A. 完整性   B. 截止

    C. 计价与分摊   D. 存在

10. 中国第一家会计师事务所是（　　　）。

    A. 正则会计师事务所   B. 立信会计师事务所

    C. 高威会计师事务所   D. 上海会计师事务所

11. 注册会计师为发现被审计单位的财务报表和其他会计资料中的重要比率及趋势的异常变动，应采用的审计程序是（　　　）。

    A. 检查   B. 计算

    C. 分析程序   D. 估价

12. 审计中既要实施内部控制测试，又要实施实质性测试，该方案称为（　　　）。

    A. 控制测试方案   B. 综合性方案

    C. 实质性方案   D. 全面性方案

13. 注册会计师在审计股票发行费用的会计处理时，如股票溢价发行，应查实被审计单位是否按规定将各种发行费用（　　　）。

    A. 冲减溢价收入   B. 计入长期待摊费用

    C. 计入资本公积   D. 计入管理费用

14. 在特定审计风险水平下，检查风险与重大错报风险之间的关系是（　　　）。

    A. 同向变动关系   B. 反向变动关系

    C. 有时同向变动   D. 不明显的关系

15. 对库存现金、有价证券、贵重物品的盘存，通常采用（　　　）。

    A. 计划盘存   B. 通知盘存

    C. 定期盘存   D. 突击盘存

16. 以下关于函证的说法，正确的是（　　　）。

    A. 在审查固定资产增加时，通常使用函证程序

    B. 函证通常用于验证单位之间的具体交易

    C. 当应收账款余额变动未发现异常时，可不对其进行函证

    D. 只要可行和合理，审计师就必须对银行存款余额进行函证

17. 注册会计师从相应的采购明细账追查至被审计单位的验收单，是为了证实购货与付款循环中的（　　　）。

    A. 完整性   B. 截止

    C. 计价与分摊   D. 发生

18. 财务报表在审计前存在重大错报的可能性，称为（　　　）。

    A. 控制风险   B. 检查风险

    C. 审计风险   D. 重大错报风险

19. 收集审计证据的阶段主要是（　　　）。

    A. 计划阶段   B. 实施阶段

C. 终结阶段   D. 后续审计阶段

20. "审计证据的数量应能最低程度地支持审计意见的发表" 所表达的审计证据的特点是
（   ）。

     A. 可靠性   B. 相关性

     C. 公允性   D. 充分性

二、多项选择题（下列每小题有 A、B、C、D 四个备选答案，有两个或两个以上符合题意，请将正确选项填入括号中。）

1. 环境证据通常不能证明（   ）。
     A. 资产负债是否存在
     B. 报表层次和认定层次重大错报风险的高低
     C. 资产的计价准确性
     D. 有关会计记录是否正确

2. 下列不属于注册会计师可以控制的风险是（   ）。
     A. 控制风险   B. 重大错报风险
     C. 检查风险   D. 固有风险

3. 以下属于政府领导的国家审计机关是（   ）。
     A. 加拿大的审计总署   B. 菲律宾的审计委员会
     C. 瑞典的国家审计局   D. 西班牙的审计法院

4. 民间审计的《独立审计基本准则》的主要内容包括（   ）。
     A. 一般准则   B. 外勤准则
     C. 报告准则   D. 处理、处罚准则

5. 下列对社会审计准则的表述正确的是（   ）。
     A. 指出了实施注册会计师审计时应采用的方法和程序
     B. 规范注册会计师的责任范围和内容
     C. 为注册会计师计划审计工作、编写审计报告提供了指南
     D. 提供了评价注册会计师审计工作的基础

6. 目前，我国形成了三位一体的审计监督体系，包括（   ）。
     A. 国家审计   B. 民间审计
     C. 内部审计   D. 联合审计

7. 以下属于衡量企业短期偿债能力的财务比率有（   ）。
     A. 速动比率   B. 流动比率
     C. 负债权益比率   D. 资产报酬率

8. 下列属于注册会计师责任的有（   ）。
     A. 防止或发现舞弊行为   B. 选择恰当的会计政策
     C. 发表审计意见   D. 对特定内部控制实施审计程序

9. 下列关于重要性的说法中，不正确的有（   ）。

A. 重要性水平与公司规模有关

B. 若注册会计师将重要性水平设为 1 000 万元，则任何低于 1 000 万元的错报都是不重要的

C. 重要性的初步判断是审计师认为报表中可能存在错报，而不至于影响理性使用者决策的最大金额

D. 重要性水平一旦确定，不得轻易更改

10. 证明应付账款的可靠证据主要有（　　　　）。

A. 购货方对账单
B. 销货方发票
C. 债权人对账单
D. 应付账款询证函

三、判断分析题（判断下列说法是否正确，若正确请在括号内打√，否则打×。如果不正确请说明理由。）

1. 在有些情况下，注册会计师可以完全依赖控制测试获取审计证据，来证实相关认定。　　　　　　　　　　　　　　　　　　　　　　　　　　（　　　　）
理由：

2. 职业道德要求注册会计师在执业中对获取的信息进行保密，但这一规定不适用聘请的外部专家。　　　　　　　　　　　　　　　　　　　　　（　　　　）
理由：

3. 在承接业务之前，会计师事务所仅需对被审计单位管理层的品行和诚信进行了解即可，据此来断定是否承接业务。　　　　　　　　　　　　　　　（　　　　）
理由：

4. 重新执行是指注册会计师以人工方式或使用计算机辅助审计技术，重新独立执行作为被审计单位内部控制组成部分的程序或控制。　　　　　　　（　　　　）
理由：

5. 细节测试是对各类交易、账户余额、列报的具体细节进行测试，目的在于直接识别财务报表认定是否存在错报，是审计中必须做的程序。　　　　（　　　　）
理由：

6. 分析性测试程序就是计算各种财务比率以发现异常。　　　（　　　　）
理由：

7. 审计工作底稿与审计证据之间存在着密切的联系。注册会计师所获取的每一个审计证据都要通过审计工作底稿加以记载；反之，每一张工作底稿都为证明被审计单位的财务报表是否存在重大错报提供了审计证据。　　　　　　　　　　　　　　　（　　　　）
理由：

8. 会计师事务所在接受注册会计师协会和监管机构依法进行质量检查时，在取得客户授权后可以将执行该客户业务的工作底稿交给注协和监管机构。　　　（　　　　）
理由：

9. 计划审计工作并非审计业务的一个孤立阶段，而是一个持续的、不断修正的过程，贯

穿于整个审计业务的始终。   （   ）

理由：

10. 注册会计师在审计过程中必须按审计计划执行审计业务，并随时根据具体情况修订和补充审计计划，但在完成外勤审计工作后就不必再对审计计划做修订了。   （   ）

理由：

四、简答题

1. 简述关键审计合伙人定期轮换的一般要求。
2. 简述实际执行的重要性的定义，并陈述确定实际执行的重要性应考虑的因素。
3. 简述积极式函证未收到回函时的处理。
4. 在针对应收账款的发生认定实施函证程序时，A注册会计师采用了货币单元抽样和系统选样。相关事项如下：

（1）A注册会计师界定的抽样单元是实物单元。

（2）A注册会计师认为每个账户被选中的机会不相同，但余额为零或负的账户没有被选中的机会，应从总体中剔除。

（3）注册会计师对账面金额大于或等于选样间隔的项目实施100%的检查，而不将其纳入抽样总体。

（4）货币单元抽样中被高估的实物单元被选取的概率更低，不适合测高估的错报，适合测试低估的错报。

（5）应收账款账户共有602个，其中：借方账户有600个，账面金额为2 300 000元；贷方账户有2个，账面金额为3 000元。A注册会计师做出下列判断：单独测试2个贷方账户，另有6个借方账户被视为单个重大项目（单个账户的账面金额大于25 000元，账面金额共计300 000元），需要实施100%检查。因此，剩下的594个应收账款借方账户就是注册会计师定义的总体，总体账面金额为2 000 000元。可接受的误受风险为10%。可容忍错报为40 000元。预计的总体错报为8 000元。货币单元抽样确定样本规模时的保证系数如表1所示。

表1 货币单元抽样确定样本规模时的保证系数

预计总体错报与可容忍错报之比	误受风险			
	5%	10%	15%	20%
0.00	3.00	2.31	1.90	1.61
0.05	3.31	2.52	2.06	1.74
0.10	3.68	2.77	2.25	1.89
0.15	4.11	3.07	2.47	2.06
0.20	4.63	3.41	2.73	2.26

要求：

（1）针对事项（1）~（4），逐项指出A注册会计师的做法是否正确。如不正确，简要说明理由。

（2）针对事项（5），计算样本规模和选样间距。

五、案例分析

1. ABC 会计师事务所对 DEF 公司执行 2017 年年报审计。A 注册会计师负责应付职工薪酬和收入、成本科目的审计工作。

事项 1：A 注册会计师在执行细节测试时发现 DEF 公司行政后勤部门和销售部门 2017 年年终奖是在 2018 年 1 月计提入账并支付的。2017 年客户行政后勤部门和销售部门的年终奖金额为 100 万元，其中行政后勤部门 35 万元，销售部门 65 万元。

事项 2：在检查主营业务收入明细账中注册会计师发现客户将办公楼临街的一层楼租给一些商家做生意，租金额为每年 60 万元，商家按月支付租金，不存在拖欠。同时，注册会计师在主营业务成本明细账中发现物流仓库租赁成本为每年 6 万元。

要求：

判断 DEF 公司在 2017 年的账务处理是否正确。如果不正确，请出具 2017 年相应的审计调整分录并说明理由。

2. ABC 会计师事务所的 A 注册会计师担任多家公司 2017 年度财务报表审计的项目合伙人，遇到下列与出具审计报告相关的事项（假设 E、G 公司财务报表整体重要性水平分别是 100 万元和 120 万元）：

（1）B 公司 2017 年年初开始使用新的财务软件，因系统缺陷导致 2017 年度成本、收入核算混乱，审计项目组无法对存货、营业成本、营业收入等科目实施审计程序，且存货、营业成本、营业收入等科目金额重大。

（2）因 C 公司严重亏损，董事会于 2017 年下半年进入破产清算程序。但管理层仍运用持续经营假设编制了 2017 年度财务报表，并在财务报表附注中披露了清算进程。

（3）D 公司是金融机构，在风险管理中运用了复杂金融工具，因风险管理负责人离职，人事部暂未招聘到合适的人员，管理层未能在财务报表附注中披露与金融工具相关的风险。

（4）2017 年 7 月 E 公司融资租入一台管理用设备，管理层解释因为是租入的固定资产，不予计提折旧。如果计提折旧，折旧金额为 540 万元。另外，E 公司 2017 年资产负债表中列示的存货项目金额为 400 万元，管理层是按照成本对存货进行计量，如果按照成本与可变现净值孰低原则计量，存货金额将减少 120 万元。同时 A 注册会计师还发现 E 公司其他多个科目的错报金额超过财务报表层次的重要性水平。

（5）2016 年 12 月 F 公司起诉 G 公司违约，要求赔偿损失金额 130 万元，A 注册会计师通过咨询律师了解到 G 公司很可能败诉，截至 2017 年 12 月 31 日尚未判决，G 公司拒绝在附注中披露该事项。

要求：

针对上述（1）～（5）项，逐项指出 A 注册会计师应当出具何种类型的审计报告，并简要说明理由。

第十一套试题

一、单项选择题（下列每小题有 A、B、C、D 四个备选答案，只有一个符合题意，请将正确选项填入括号中。）

1. ABC 会计师事务所负责审计甲上市公司 2017 年度财务报表，并于 2018 年 3 月 5 日出具了审计报告。以下事项中，ABC 事务所最有可能承担民事侵权赔偿责任的是（　　　　　）。
   A. 注册会计师执业过程存在过错
   B. ABC 事务所出具了不实审计报告
   C. 利害关系人遭受了经济损失
   D. 利害关系人遭受的经济损失是其信赖 ABC 事务所出具的不实报告后与甲公司发生了交易导致

2. 在应对仅通过实质性程序无法应对的重大错报风险时，注册会计师应当考虑的主要因素不包括（　　　　　）。
   A. 甲公司是否针对这些风险设计了控制
   B. 相关控制是否可以信赖
   C. 相关交易是否采用高度自动化的处理
   D. 会计政策是否发生变更

3. 对经营租入固定资产审计时，不属于主要应该注意的事项是（　　　　　）。
   A. 合同手续是否齐全，条款是否完备，是否经审批
   B. 是否有必要租赁，是否履行合同，是否有不正当交易
   C. 有无多收、少收租金
   D. 折旧是否准确

4. 有关审计抽样的理解，下列表述中，不恰当的是（　　　　　）。
   A. 如果总体规模小于 2 000，不能使用 PPS 抽样
   B. PPS 抽样适合细节测试中高估资产项目的测试
   C. 所有传统变量抽样均需要对总体进行分层
   D. 审计抽样适合对内部控制运行留下轨迹的控制进行测试

5. 关于审计抽样应当具备的特征，以下说法中不恰当的是（　　　　　）。
   A. 对某类交易或账户余额中低于百分之百的项目实施审计程序
   B. 审计测试的目的是为了评价该账户余额或交易类型的某一特征
   C. 抽样风险应控制在可接受的低水平
   D. 所有抽样单元都有被选取的机会

6. 下列关于审计准则的表述中，正确的是（　　　　　）。

    A. 审计准则是完善审计组织内部管理的基础

    B. 审计准则是判断审计事项是非优劣的准绳

    C. 审计准则是确定和解脱审计责任的依据

    D. 审计准则是衡量审计质量的尺度

7. 下列有关了解内部控制的相关表述中，注册会计师不认可的是（　　　　　）。

    A. 询问本身并不足以评价控制的设计以及确定其是否得到执行，注册会计师应当将询问与其他风险评估程序结合使用

    B. 注册会计师对控制的了解并不足以测试控制运行的有效性

    C. 获取某一人工控制在某一时点得到执行的审计证据，并不能证明该控制在所审计期间内的其他时点也有效运行

    D. 对内部控制的了解在某些情况下能替代控制测试

8. 注册会计师了解的以下事项中，不属于法律环境与监管环境的内容的是（　　　　　）。

    A. 生产经营的季节性和周期性

    B. 是否存在新出台的法律法规

    C. 与被审计单位相关的税务法规是否发生变化

    D. 国家的特殊监管要求

9. 下列有关了解内部控制的相关说法中，注册会计师不认可的是（　　　　　）。

    A. 内部控制包括下列要素：控制环境、风险评估过程、与财务报告相关的信息系统和沟通、控制活动、对控制的监督

    B. 注册会计师应当了解被审计单位是否已建立风险评估过程，如果被审计单位已建立风险评估过程，注册会计师应当了解风险评估过程及其结果

    C. 注册会计师不必了解被审计单位所有的内部控制

    D. 在了解被审计单位控制活动时，注册会计师无须了解被审计单位如何应对信息技术导致的风险

10. 财务报表层次的重大错报风险很可能源于（　　　　　）。

    A. 对控制的监督无效

    B. 薄弱的控制环境

    C. 控制活动执行不力

    D. 风险评估过程有缺陷

11. 以下有关了解被审计单位内部控制的各选项，不正确的是（　　　　　）。

    A. 在评估财务报表层次重大错报风险时，应当将整体层面的内部控制状况和了解到的被审计单位及其环境其他方面的情况分别考虑

    B. 注册会计师应当对被审计单位整体层面的内部控制的设计进行评价，并确定其是否得到执行

    C. 对于连续审计，注册会计师可以重点关注整体层面内部控制的变化情况

    D. 注册会计师还需要特别考虑因舞弊而导致重大错报的可能性及其影响

12. 内部控制的目标不包括（　　　　　）。

    A. 财务报告的可靠性

B. 经营的效率和效果

C. 在所有经营活动中遵守法律法规的要求

D. 减少内部审计人员

13. 在下列所描述的内部控制中，最适宜于防止出现记录未收到存货的采购交易的是（　　）。

A. 生成收货报告的计算机程序，同时也更新采购档案

B. 计算机将各凭证上的账户号码与会计科目表对比，然后进行一系列的逻辑测试

C. 销售发票上的价格根据价格清单上的信息确定

D. 在更新采购档案之前必须先有收货报告

14. 下列对于在业务流程层面了解内部控制的说法，不正确的是（　　）。

A. 确定被审计单位所有业务流程和重要交易类别

B. 了解业务流程层面应执行分析程序

C. 如果认为被审计单位的内部控制无效，注册会计师不需要测试控制运行的有效性，而直接实施实质性程序

D. 在业务流程层面了解内部控制得出的结论只是初步的结论

15. X 会计师事务所正在对审计助理进行业务培训，培训师的下列观点中错误的是（　　）。

A. 必须将执行的关键风险评估程序形成审计工作底稿

B. 必须了解被审计单位及其环境

C. 必须对重大的各类交易、账户余额和披露进行控制测试

D. 将识别和评估的风险与实施的审计程序挂钩

16. 下列有关项目组讨论的说法中，不正确的是（　　）。

A. 所有项目组关键成员每次均应参与项目组讨论

B. 项目组应当根据审计的具体情况，持续交换有关被审计单位财务报表发生重大错报可能性的信息

C. 项目组在讨论时应当强调在整个审计过程中保持职业怀疑态度，警惕可能发生重大错报的迹象，并对这些迹象进行严格追踪

D. 项目组只讨论被审计单位由于舞弊导致重大错报的可能性

17. 以下关于控制环境的说法，不恰当的是（　　）。

A. 在审计业务承接阶段，注册会计师需了解和评价控制环境

B. 在评估重大错报风险时，注册会计师应当将控制环境连同其他内部控制要素产生的影响一并考虑

C. 在进行风险评估时，如果注册会计师认为被审计单位的控制环境薄弱，则很难认定某一流程的控制是有效的

D. 在实施风险评估程序时，注册会计师只需要初步了解控制环境构成要素

18. 下列需要了解的被审计单位及其环境的内容中，属于外部因素的是（　　）。

A. 相关行业状况、法律环境与监管环境以及其他外部因素

B. 被审计单位对会计政策的选择和运用

C. 对被审计单位财务业绩的衡量和评价

D. 被审计单位的内部控制

19. 关于控制环境，下列说法错误的是（　　　　）。
   A. 控制环境包括治理职能和管理职能，以及治理层和管理层对内部控制及其重要性的态度、认识和措施
   B. 控制测试是必须执行的
   C. 控制环境本身并不能防止或发现并纠正各类交易、账户余额和披露认定层次的重大错报
   D. 有效的控制环境能为注册会计师相信在以前年度和期中所测试的控制将继续有效运行提供一定基础

20. 下列有关内部控制的相关表述中，注册会计师不认可的是（　　　　）。
   A. 注册会计师需要了解与每一控制目标相关的所有控制活动
   B. 如果多项控制活动能够实现同一目标，注册会计师不必了解与该目标相关的每项控制活动
   C. 如果不打算信赖控制，注册会计师仍需要执行穿行测试以确认以前对业务流程及可能发生错报环节了解的准确性和完整性
   D. 对于重要的业务流程，不管是人工控制还是自动化控制，注册会计师都要对整个流程执行穿行测试

二、多项选择题（下列每小题有 A、B、C、D 四个备选答案，有两个或两个以上符合题意，请将正确选项填入括号中。）

1. 关于注册会计师财务报表审计，以下理解恰当的有（　　　　）。
   A. 财务报表审计的用户是包括管理层在内的财务报表预期使用者
   B. 财务报表审计的核心工作是围绕管理层认定获取和评价审计证据
   C. 财务报表审计的基础是独立性和专业性，注册会计师应当独立于被审计单位和预期使用者
   D. 财务报表审计的目的是改变财务报表的质量，消除财务报表错报风险

2. 假设 ABC 会计师事务所拟承接甲公司 2017 年度财务报表审计业务，A 注册会计师为审计项目合伙人。A 注册会计师为了与甲公司管理层就其 2017 年度财务报表审计的业务约定条款达成一致意见，需要在（　　　　）方面开展初步业务活动。
   A. 了解甲公司内部控制
   B. 实施与审计准则一致的关于对甲公司财务报表审计的质量控制程序
   C. 评价事务所与审计项目组遵守职业道德要求的情况
   D. 就甲公司 2017 年度财务报表审计业务与甲公司达成一致意见

3. 关于审计证据的含义，以下理解恰当的是（　　　　）。
   A. 注册会计师仅仅依靠会计记录不能有效形成结论，还应当获取用作审计证据的其他信息
   B. 注册会计师对财务报表发表审计意见的基础是会计记录中含有的信息

C. 如果会计记录是电子数据，注册会计师必须对生成这些信息所依赖的内部控制予以充分关注

D. 注册会计师将会计记录和其他信息两者结合在一起，才能将审计风险降至可接受的低水平，为发表审计意见提供合理基础

4. 关于审计抽样的特征，以下理解正确的是（　　　　　）。

A. 对某类交易或账户余额中低于百分之百的项目实施审计程序

B. 审计抽样是为了获取审计证据证实控制活动运行是否有效或验证某一认定金额是否存在错报

C. 所有抽样单元均有被选取的机会

D. 针对总体进行分层，再选取样本

5. 关于注册会计师实施风险评估程序的目的，以下说法中，恰当的是（　　　　　）。

A. 识别和评估财务报表层次重大错报风险

B. 识别和评估财务报表重大错报风险

C. 评估审计风险

D. 评估舞弊风险

6. 关于抽样单元，下列表述不恰当的有（　　　　　）。

A. 在控制测试中，抽样单元通常指控制活动流程

B. 抽样单元可能是一个账户余额、一笔交易或交易中的一项记录

C. 可能为每个货币单位

D. 在细节测试中，抽样单元就是指认定层次的错报金额单位元

7. 关于注册会计师实施的风险评估程序，以下陈述正确的是（　　　　　）。

A. 风险评估程序的目的是为了识别和评估财务报表重大错报风险

B. 风险评估程序的方法包括询问管理层和被审计单位内部其他人员、分析程序、观察和检查

C. 注册会计师如果未实施风险评估程序，则无法评估重大错报风险

D. 注册会计师采用分析程序识别和评估控制风险

8. 下列有关审计准则的表述中，不正确的是（　　　　　）。

A. 审计准则是对审计实践中的特色做法进行的归纳和总结

B. 审计准则规定了审计职业责任的最高要求

C. 审计准则是审计人员在实施审计时可以参考的行为规范

D. 审计准则是衡量审计质量的尺度

9. 下列有关内部控制的相关表述中，注册会计师认可的是（　　　　　）。

A. 内部控制中人工成分和自动化成分的组合，因被审计单位使用信息技术的性质和复杂程度而异

B. 人工系统的控制可能包括对交易的批准和复核，编制调节表并对调节项目进行跟进

C. 被审计单位可能采用自动化程序生成、记录、处理和报告交易，在这种情况下以电子文档取代纸质文件

D. 信息系统中的控制全部是自动化控制

10. 注册会计师了解被审计单位的主要经营活动包括（　　　　　）。

A. 主营业务的性质   B. 从事电子商务情况

C. 关键客户   D. 关联交易方

三、判断分析题（判断下列说法是否正确，若正确请在括号内打√，否则打×。如果不正确请说明理由。）

1. 控制测试旨在评价内部控制在防止或发现并纠正认定层次重大错报方面的运行有效性。 （　　）

　　理由：

2. 注册会计师应当对被审计单位的所有控制进行测试，而且如果被审计单位在期中变更了内部控制，注册会计师应当考虑不同时期控制运行的有效性。 （　　）

　　理由：

3. 如果注册会计师在期中执行了控制测试，并获取了控制在期中运行有效性的审计证据，如果某一控制在剩余期间内未发生变动，不需要补充剩余期间控制运行有效性的审计证据。 （　　）

　　理由：

4. 在审计中，如果拟信赖的控制自上次测试后未发生变化，且不属于旨在减轻特别风险的控制，应当运用职业判断确定是否在本期审计中测试其运行有效性，以及本次测试与上次测试的时间间隔，但每三年至少测试一次。 （　　）

　　理由：

5. 在确定实质性程序的时间时，评估的某项认定的重大错报风险越高，针对该认定所需获取的审计证据的相关性和可靠性要求也就越高，注册会计师越应当考虑将实质性程序集中于期中实施。 （　　）

　　理由：

6. 拟实施进一步审计程序的总体审计方案包括实质性方案和综合性方案。综合性方案是指注册会计师在实施进一步审计程序时，将控制测试与实质性程序结合使用。当评估的财务报表层次重大错报风险属于高风险水平时，拟实施进一步审计程序的总体方案更倾向于综合性方案。 （　　）

　　理由：

7. 具有高度估计不确定性的重大会计估计应当评估为存在特别风险。 （　　）

　　理由：

8. 一般而言，被审计单位销售交易的流程：接受客户订购单—批准赊销信用—开具账单—按销售单供货—装运货物。 （　　）

　　理由：

9. 被审计单位以旧换新销售时，可以按新商品的售价确认营业收入，旧商品的回收价确认营业成本。 （　　）

　　理由：

10. 当被审计单位存货存放在多个地点时，注册会计师可以询问被审计单位管理层和财

务部门人员，以了解有关存货存放地点的情况。　　　　　　　　（　　　　）

　　理由：

四、简答题

　　1. 简述强调事项段的定义，以及注册会计师可能认为需要增加强调事项段的情形。

　　2. 如果在归档期间对审计工作底稿做出的变动属于事务性，注册会计师可以做出的变动包括哪些？

　　3. 甲银行是 ABC 会计师事务所新发展的审计客户，A 注册会计师是甲银行 2016 年度财务报表审计业务的项目合伙人。假定存在以下与职业道德相关的情况：

　　（1）甲银行 2011 年度至 2015 年度财务报表由 XYZ 事务所实施审计，B 注册会计师担任项目合伙人。2016 年，甲银行改聘 ABC 会计师事务所作为其审计师，B 注册会计师加入 ABC 会计师事务所并负责对该业务实施项目质量控制复核。

　　（2）接受委托后，甲银行破例批准了 ABC 事务所早先提出的借款申请。ABC 事务所认为本所规模很大，该项借款对独立性产生不利影响不会超出可接受水平。

　　（3）项目组成员 C 与甲银行财务经理 D 存在密切私人关系。ABC 事务所要求 A 注册会计师合理安排 C 的职责，将对独立性的不利影响降低到可接受水平。

　　（4）ABC 事务所 2017 年度以或有收费方式向甲银行提供一项金额重大的非鉴证服务。

　　（5）外勤审计期间，甲银行人事经理向 A 注册会计师提出了希望其接任财务总监的邀请。双方还就具体待遇进行了协商。为保持独立性，A 注册会计师没有告知事务所。

　　（6）ABC 会计师所 2017 年年初通过与甲银行共同组成服务团队的形式，向潜在客户提供审计、公司财务顾问等一揽子专业服务。

　　要求：

　　针对上述事项（1）～（6），不考虑其他情况，指出所述事项是否符合中国注册会计师职业道德遵守的相关规定。如认为不符合，简要说明理由。

　　4. ABC 会计师事务所负责审计甲公司 2017 年度财务报表，审计项目组确定的财务报表整体的重要性为 200 万元，实际执行的重要性为 100 万元，明显微小错报的临界值为 10 万元。审计报告日约定为 2018 年 3 月 5 日。审计工作底稿中与函证相关的部分内容摘录如下：

　　（1）针对甲公司应付账款可能存在低估错报风险，审计项目组成员将应付账款明细表中单笔账面金额高于 100 万元的项目全部作为函证事项，以邮寄方式实施积极式函证，但收到回函显示应付账款结果相符，审计项目组认为应付账款不存在低估错报。

　　（2）针对应收乙公司的账面金额 3 510 万元的应收账款，审计项目组对乙公司的函证结果显示已经不存在该笔应付款，原因是乙公司已经通过银行转账划款，并全部付清该笔货款。审计项目组在审计工作底稿中记录了这一情况，并认为该笔应收账款不存在错报。

　　（3）针对应收账款回函率与以前年度相比异常偏高，审计项目组认为该情形合理，无须实施进一步审计程序。

　　（4）截止到 2018 年 3 月 1 日，审计项目组针对客户丙公司对甲公司的违约诉讼的邮寄方式函证未收到回函，审计项目组针对该事项专门打电话询问了丙公司法律顾问，充分了解该诉讼事项的情况。审计项目组认为该法律顾问的解释合理，无须实施进一步审计程序。

（5）审计项目组收到一份丁开户银行询证函回函，其中标注有"本信息既不保证准确也不保证是最新的，其他方可能会持有不同意见"。审计项目组致电丁银行，银行工作人员表示这是标准条款。审计项目组在审计工作底稿中记录该事项，以及电话问询的情况。

（6）审计项目组针对甲公司的戊客户应收账款，采用邮寄方式发出积极式询证函，并及时收回询证函。

要求：

（1）针对上述（1）～（5）项，逐项指出审计项目组的做法是否恰当，并简要说明理由。

（2）针对上述第（6）项，指出审计项目组应当实施哪些审计程序验证回函的可靠性。

五、案例分析

1. ABC 会计师事务所继续为汽车制造业的上市公司 DEF 公司担任 2017 年度财务报表的审计师。A 注册会计师在审计工作底稿中记录了所了解的 DEF 公司情况及其环境，部分内容摘录如下：

（1）当前国内汽车行业面临巨大挑战，主要体现在国内市场增速放缓，国外市场受贸易战影响大幅缩减。同时 DEF 公司投资连续较大幅度增长，导致 DEF 公司产能过剩，公司出现销售困难的情况。

（2）为了应对汽车行业经营环境的不利因素，DEF 公司于 2017 年度将职工基本工资下调1%，并将每月工资发放时间由当月末改为下月初。

（3）为了应对汽车行业竞争，DEF 公司自 2017 年 7 月 1 日起，将客车交货方式由客户提货变为发运至客户签收，DEF 公司需要承担运费的 60%。

（4）2017 年 11 月，公司遭到环保监察部门处罚通告，根据行业经验，DEF 公司由于汽车行业工业废水排放超标很可能被处罚 1 000 万元至 2 500 万元，该事项已经上报董事会。

A 注册会计师在审计工作底稿中记录了所获取的财务数据，部分内容如表 1 所示。

表 1 DEF 公司的部分财务数据　　　　　　金额单位：万元

项目	2017 年 12 月 31 日	2016 年 12 月 31 日
预计负债	0	0
应付职工薪酬	0	150
项目	2017 年度	2016 年度
销售费用——运输费	600	1 600
主营业务收入	20 000	14 700

要求：

针对（1）～（4）项，结合财务数据，假定不考虑其他条件，逐项指出是否可能表明存在重大错报风险。如果认为存在重大错报风险，简要说明理由，并说明该风险主要与哪些财务报表项目（仅限于主营业务收入、销售费用、应付职工薪酬、预计负债）的哪些认定相关（见表 2）。

表 2　重大错报风险的理由

事项序号	是否可能表明存在重大错报风险（是/否）	理由	财务报表项目及认定
（1）			
（2）			
（3）			
（4）			

2．B 注册会计师负责机床制造企业乙公司 2017 年年报审计工作。

资料 1：在预审工作中，其在审计工作底稿中记录了了解和测试内部控制的事项，部分内容如下：

（1）发出机床成品时，由销售部门填制一式四联的出库单。出库单其中一联送交财务部会计 C，由会计 C 负责登记产成品总账及明细账。

（2）会计 A 负责开具销售发票。在开具销售发票之前，先核对发运凭证和销售单，然后根据销售单填写销售发票价格。

（3）财务部门审核付款凭单后，支付采购款项。为了方便付款，公司签署支票所需的支票印章、财务经理个人名章由会计 D 负责保管。

（4）乙公司设立了内部审计部，每年将出具的内部审计报告提交总经理并直接对总经理负责。

资料 2：B 注册会计师在审计工作底稿中记录了有关审计计划。部分内容摘录如下：

（1）2017 年，乙公司以 1 000 万元的价格从关联方购买一批原材料。B 注册会计师认为该交易购买的原材料超出乙公司正常经营范围所需物资，很可能不存在相关的内部控制，拟直接实施实质性程序。

（2）乙公司 2017 年度管理费用为 1 200 万元，超过了乙公司财务报表层次的重要性水平。但 B 注册会计师认为费用类科目重大错报风险较低，拟仅实施控制测试。

（3）B 注册会计师对拟利用的内部审计人员的特定工作实施了审计程序并进行了充分评价，认为该特定工作足以实现审计目的。

要求：

（1）针对资料 1 中（1）～（4）项，假定未描述的其他内部控制不存在缺陷，请指出乙公司上述事项的内部控制设计或运行中是否存在缺陷。如果存在缺陷，请分别说明理由并提出改进建议。

（2）针对资料 2 中（1）～（3）项，假定不考虑其他条件，逐项指出资料 2 所列审计计划是否恰当。如不恰当，简要说明理由（见表 3）。

表 3　审计计划是否恰当及理由

事项序号	审计计划是否恰当（是/否）	理由
（1）		
（2）		
（3）		

第十二套试题

一、单项选择题（下列每小题有 A、B、C、D 四个备选答案，只有一个符合题意，请将正确选项填入括号中。）

1. 以下选项中，不属于与审计相关的控制活动的是（   ）。
   A. 职责分离
   B. 实物控制
   C. 信息处理
   D. 用于提高经营效率的控制活动

2. 下列事项中，不能表明被审计单位很可能存在重大错报风险的是（   ）。
   A. 在高度波动的市场开展业务
   B. 被审计单位的供应链发生变化
   C. 被审计单位扩展业务类型
   D. 经常与控股股东发生交易

3. 在了解控制环境时，注册会计师应当关注的内容不包括（   ）。
   A. 治理层相对于管理层的独立性
   B. 管理层的理念和经营风格
   C. 员工整体的道德价值观
   D. 对控制的监督

4. 下列不属于注册会计师可以了解被审计单位的法律环境及监管环境的是（   ）。
   A. 是否存在新出台的法律法规
   B. 国家货币、财政、税收和贸易等方面政策的变化是否会对被审计单位的经营活动产生影响
   C. 与被审计单位相关的税务法规是否发生变化
   D. 被审计单位的行业特征

5. 注册会计师应从被审计单位内部和外部了解被审计单位及其环境。下列各项因素中，涉及被审计单位内部因素和外部因素的是（   ）。
   A. 了解被审计单位的相关行业状况
   B. 了解被审计单位的目标、战略以及可能导致重大错报风险的相关经营风险
   C. 了解对被审计单位财务业绩的衡量和评价
   D. 了解被审计单位的内部控制

6. 注册会计师了解被审计单位的性质，包括对被审计单位经营活动的了解。下列各项不

属于为此应当了解的内容是（   ）。

    A. 劳动用工情况以及与生产产品或提供劳务相关的市场信息

    B. 主营业务的性质，生产设施、仓库的地理位置及办公地点

    C. 从事电子商务的情况，技术研究与产品开发活动及其支出

    D. 拟实施的并购活动与资产处置情况

7. 询问管理层和被审计单位内部其他人员是注册会计师了解被审计单位及其环境的一个重要信息来源。注册会计师可以考虑向管理层和财务负责人询问的事项是（   ）。

    A. 管理层所关注的主要问题

    B. 被审计单位最近的财务状况、经营成果和现金流量

    C. 可能影响财务报告的交易和事项

    D. 以上全部

8. 下列关于审计风险准则的特点的说法，错误的是（   ）。

    A. 运用审计风险准则时需要运用到注册会计师的职业判断

    B. 对于小型被审计单位，无须了解其环境

    C. 实施风险评估程序是评估重大错报风险的基础

    D. 注册会计师应将风险评估与应对的关键程序形成审计工作记录

9. 注册会计师为了了解内部控制的设计和执行，通常实施的风险评估程序不包括（   ）。

    A. 检查文件和报告

    B. 观察特定控制的运用

    C. 询问被审计单位的人员

    D. 分析程序

10. 关于特别风险，下列说法不正确的是（   ）。

    A. 注册会计师应当将识别出的、超出被审计单位正常经营过程的重大关联方交易导致的风险确定为特别风险

    B. 注册会计师应当根据职业判断确定识别出的具有高度估计不确定性的会计估计是否会导致特别风险

    C. 注册会计师应当将评估关联交易作为特别风险

    D. 管理层凌驾于控制之上的风险属于由于舞弊导致的重大错报风险，因此也是一种特别风险

11. 与财务报表相关的信息系统通常不包括的职能是（   ）。

    A. 识别与记录所有有效交易

    B. 对财务报表中的交易做详细分类

    C. 针对不恰当事项，建立沟通渠道

    D. 恰当确定会计期间

12. 下列程序中，通常不会在风险评估中使用的是（   ）。

    A. 检查   B. 分析程序

    C. 询问   D. 重新计算

13. 关于明显微小错报的说法，不正确的是（   ）。

A. 如果不确定一个或多个错报是否明显微小，则认为这些错报是明显微小的

B. 注册会计师应确定一个明显微小错报的临界值

C. 确定一个明显微小错报的临界值，低于该临界值的错报视为明显微小的错报，可以不累积

D. 如果不确定一个或多个错报是否明显微小，就不能认为这些错报是明显微小的

14. 注册会计师在制定总体审计策略时，对审计方向的考虑事项为（   ）。

A. 编制拟审计的财务信息所依据的财务报告编制基础

B. 对利用在以前审计工作中获取的审计证据的预期

C. 评估的财务报表层次的重大错报风险对指导、监督及复核的影响

D. 拟审计的经营分部的性质

15. 下列因素可能导致被审计单位要求变更业务的是（   ）。

A. 被审计单位高级管理人员近期发生变动

B. 被审计单位业务的性质或规模发生重大变化

C. 被审计单位处置子公司

D. 环境变化对审计服务的需求产生影响

16. 注册会计师应当在总体审计策略中清楚地说明审计资源的规划和调配，其中不包括（   ）。

A. 向具体审计领域调配的资源，但不包括向高风险领域分派有适当经验的项目组成员，就复杂的问题利用专家工作等

B. 如何管理、指导、监督这些资源，包括预期何时召开项目组预备会和总结会，预期项目合伙人和经理如何进行复核，是否需要实施项目质量控制复核等

C. 何时调配这些资源，包括是在期中审计阶段还是在关键的截止日期调配资源等

D. 向具体审计领域分配资源的多少，包括分派到重要地点进行存货监盘的项目组成员的人数，在集团审计中复核组成部分注册会计师工作的范围，向高风险领域分配审计人员的时间预算等

17. 制定总体审计策略时，注册会计师不需要考虑的事项是（   ）。

A. 预期审计工作涵盖的范围

B. 确定重大错报风险较高的审计领域

C. 向高风险领域分派具有适当经验的项目组成员

D. 计划实施实质性程序的性质、时间和范围

18. 下列与抽样风险相关的表述，正确的是（   ）。

A. 样本越小，抽样风险越大

B. 假定不存在相关内部控制，某一认定发生重大错报的可能性

C. 独立于财务报表审计而存在

D. 财务报表存在重大错报的可能性

19. 在审计风险模型中，"检查风险"取决于（   ）。

A. 与财务报表编制有关的内部控制的设计和运行的有效性

B. 审计程序设计的合理性和执行的有效性

C. 管理层的风险意识

D. 被审计单位及其环境

20. 与公司财务报表层次重大错报风险评估最相关的是（   ）。
    A. 公司存货周转率呈明显下降趋势
    B. 公司控制环境薄弱
    C. 公司存在着大量现金交易
    D. 公司持有大量高价值且易被盗窃的资产

二、多项选择题（下列每小题有 A、B、C、D 四个备选答案，有两个或两个以上符合题意，请将正确选项填入括号中。）

1. 注册会计师为了评估风险和设计进一步审计程序，应当制定一个实际执行的重要性。下列不符合实际执行的重要性跟重要性水平相比较的情况有（   ）。
    A. 实际执行的重要性更高
    B. 实际执行的重要性更低
    C. 两者相等
    D. 实际执行的重要性略高

2. 在理解重要性概念时，下列表述正确的是（   ）。
    A. 重要性取决于在具体环境下对错报金额和性质的判断
    B. 如果一项错报单独或连同其他错报可能影响财务报表使用者依据财务报表做出的经济决策，则该项错报是重大的
    C. 判断一项错报对财务报表是否重大，应当将使用者作为一个群体对共同性的财务信息的需求来考虑
    D. 在重要性水平之下的小额错报，应考虑其累积情况

3. 下列关于审计前提条件的说法，正确的是（   ）。
    A. 如果不存在可接受的财务报告编制基础，管理层就不具有编制财务报表的恰当基础，注册会计师也不具有对财务报表进行审计的适当标准
    B. 按照审计准则的规定，执行审计的前提是管理层已认可并理解其承担的责任
    C. 如果管理层不认可其责任，或不同意提供书面声明，通常情况下，也能够承接此类审计业务
    D. 注册会计师需要就管理层认可并理解其与内部控制有关的责任与管理层达成共识

4. 下列有关审计业务约定书的说法，正确的是（   ）。
    A. 审计业务约定书是会计师事务所与被审计单位签订的
    B. 审计业务约定书的具体内容和格式不会因不同的被审计单位而不同
    C. 审计业务约定书具有经济合同的性质，它的目的是为了明确约定各方的权利和义务。约定书一经约定各方签字认可，即成为法律上生效的契约，对各方均具有法定约束力
    D. 会计师事务所承接任何审计业务，均应与被审计单位签订审计业务约定书

5. 下列关于错报的说法，正确的是（   ）。

A. 如果错报单独或汇总起来未超过财务报表整体的重要性，注册会计师应当要求管理层更正审计过程中累积的所有错报

B. 错报是指某一财务报表项目的金额、分类、列报或披露，与按照适用的财务报告编制基础应当列示的金额、分类、列报或披露之间存在的差异

C. 超过重要性水平的错报一定构成重大错报

D. 注册会计师在审计执业过程中，无须累积明显微小的错报

6. 实际执行的重要性通常为财务报表整体重要性的 50% ~ 75%。下列属于选择较高财务报表整体重要性的情况的是（　　　　）。

A. 项目总体风险为低到中等

B. 首次承接审计业务

C. 连续审计，以前年度审计调整较少

D. 以前年度审计调整较多

7. 下列关于总体审计策略和具体审计计划的说法，正确的是（　　　　）。

A. 注册会计师应当针对总体审计策略中所识别的不同事项，制订具体审计计划，并考虑通过有效利用审计资源以实现审计目标

B. 为获取充分、适当的审计证据，而确定审计程序的性质、时间安排和范围的决策是总体审计策略的核心

C. 注册会计师应当在制定总体审计策略时确定财务报表整体的重要性

D. 制定总体审计策略的过程通常在具体审计计划之前，但执行具体审计计划过程中，也可能对总体审计策略做出调整

8. 下列各项中，属于初步业务活动内容的是（　　　　）。

A. 针对保持客户关系和具体审计业务实施相应的质量控制程序

B. 在承接业务前与前任注册会计师沟通

C. 评价遵守相关职业道德要求的情况

D. 就审计业务约定条款达成一致意见

9. 甲企业是一个盈利水平比较稳定的企业，注册会计师在审计甲企业确定重要性时，通常选择的基准不包括（　　　　）。

A. 经常性业务的税前利润

B. 总资产

C. 营业收入

D. 净资产

10. 下列关于实际执行的重要性在审计中的作用的说法，正确的是（　　　　）。

A. 注册会计师在计划审计工作时可以根据实际执行的重要性确定需要对哪些类型的交易、账户余额和披露实施进一步审计程序

B. 注册会计师通常选取金额超过实际执行的重要性的财务报表项目

C. 注册会计师可以对所有金额低于实际执行的重要性的财务报表项目不实施进一步审计程序

D. 注册会计师可以运用实际执行的重要性确定进一步审计程序的性质、时间安排和范围

三、判断分析题（判断下列说法是否正确，若正确请在括号内打√，否则打×。如果不正确请说明理由。）

1. 统计抽样的方法有属性抽样和变量抽样，属性抽样是一种用来对总体中某一事件发生率得出结论的统计抽样方法，变量抽样是一种用来对总体金额得出结论的统计抽样方法。通常，变量抽样得出的结论与总体发生率有关。 （　　　）

理由：

2. 在控制测试中，对选取的样本实施审计程序，如果注册会计师高估了总体规模和编号范围，则注册会计师不能用额外的随机数代替。 （　　　）

理由：

3. 审计证据是审计工作底稿的载体。 （　　　）

理由：

4. 电子形式存在的工作底稿转换成纸质形式后，无须单独保存以电子形式存在的工作底稿。 （　　　）

理由：

5. 识别特征是指被测试的项目或事项表现出的征象或标志，对识别特征的记录可以反映项目组履行职责的情况。 （　　　）

理由：

6. 注册会计师应当记录针对重大事项如何处理不一致的情况，有助于注册会计师关注这些不一致。但对如何解决不一致的记录要求并不意味着注册会计师需要保留不正确的或被取代的审计工作底稿。 （　　　）

理由：

7. 了解被审计单位及其环境能够为注册会计师做出职业判断提供重要基础，但并非必要程序。 （　　　）

理由：

8. 如果认为仅通过实质性程序无法将认定层次的检查风险降至可接受的低水平，应当了解相关的内部控制。 （　　　）

理由：

9. 对于管理层应对特别风险的控制，无论是否信赖，都需要进行测试。 （　　　）

理由：

10. 信息技术可以提高对被审计单位的经营业绩及其政策和程序执行情况进行监督的能力。 （　　　）

理由：

四、简答题

1. 简述注册会计师在什么情况下可以考虑采用消极的函证方式。
2. 注册会计师评价内部审计的客观性时应考虑的因素。

3. B 注册会计师负责对 Y 公司 2017 年度财务报表实施审计。审计工作底稿记载的与存货监盘相关的部分资料如下:

（1）由于 Y 公司盘点期间无法停止部分存货的入库与出库，B 注册会计师非常关注管理层采取的控制措施能否确保截止日之前入库的原材料以及截止日期之后出库的产成品都不被纳入盘点范围。

（2）针对 Y 公司多处存放存货的情况，B 注册会计师要求 Y 公司针对期末存货不为零的仓库提供一份完整的存货存放地点清单，以便执行适当的审计程序。

（3）针对监盘过程中发现的部分存货毁损、变质和过时等导致可变现净值降低的情况，B 注册会计师要求 Y 公司将降低的可变现净值计提为存货跌价准备。

（4）监盘结束时，B 注册会计师再次观察盘点现场，确定应纳入盘点范围的存货是否已经适当整理和排列，防止遗漏或重复盘点。

（5）观察结束后，B 注册会计师取得并检查已填用及未使用盘点表单的号码记录，确定其是否连续编号。

（6）对于由第三方保管的存货，B 注册会计师拟亲自前往第三方所在地实施监盘或安排其他注册会计师实施对第三方的存货监盘。

要求:

针对资料（1）~（6）所述情况，指出 B 注册会计师制订的监盘计划或在执行监盘的过程中存在的不当之处，简要说明理由。

4. ABC 会计师事务所首次接受甲公司审计委托，指派 A 注册会计师担任甲公司 2017 年度财务报表审计业务的项目合伙人，B 注册会计师担任项目质量控制复核人。其他相关情况如下:

（1）ABC 事务所与前任注册会计师进行了必要沟通，调查了客户诚信，并确认本所与甲公司关联实体之间已存在的业务关系不会对本所及其职员与甲公司的独立性产生不利影响。A 注册会计师代表事务所与甲公司签订了为期 5 年的审计业务约定。

（2）根据双方签订的审计业务约定，为保证审计质量，如甲公司对审计质量存在疑虑或不满，应直接向 B 注册会计师投诉并由其及时解决。

（3）B 注册会计师要求参加项目组成员的讨论，并就重大审计决策与项目合伙人达成一致，以避免双方在出具审计报告前产生分歧。

（4）B 注册会计师在项目合伙人复核审计工作底稿之前完成了项目质量控制复核。

（5）甲公司管理层与项目合伙人就一项重大错报的调整存在意见分歧。ABC 事务所要求 A 注册会计师在分歧未解决之前不得出具审计报告。

（6）出具审计报告后，ABC 会计师事务所发现从甲公司及其关联实体中收取的全部费用占本所全年业务收入的比例已连续两年达到 20%。要求 B 注册会计师再次实施项目质量控制复核。

要求:

分别针对上述情况（1）~（6），指出 ABC 会计师事务所、项目合伙人及项目质量控制复核人员的相关处理是否符合质量控制准则的相关规定。如不符合，请简要说明理由。

五、案例分析

1. ABC 会计师事务所接受委托担任丙公司 2017 年度财务报表的审计师。A 注册会计师在丙公司的审计工作底稿中记录了实施的实质性程序，部分内容摘录如下：

（1）A 注册会计师从丙公司 2017 年度营业收入明细表中选取大额交易，对收入确认进行细节测试，没有发现错报。因测试的营业收入占总体的 60%，A 注册会计师以此推断剩余总体不存在错报，因此没有对剩余总体实施其他审计程序。

（2）A 注册会计师怀疑丙公司持有的供应商对账单不可靠，为此将供应商对账单与丙公司提供的订购单、验收单及采购发票核对，没有发现差异，据此认可供应商对账单的可靠性。

（3）为测试丙公司提供的存货存放地点清单的完整性，A 注册会计师从清单中选取若干地点追查到出库单，没有发现异常。在此存货存放地点清单的基础上，选取若干存放地点进行监盘。

要求：

针对（1）~（3）项，假定不考虑其他条件，逐项指出所列实质性程序是否恰当。如不恰当，简要说明理由（见表 1）。

表 1　实质性程序是否恰当及理由

事项序号	实质性程序是否恰当（是/否）	
（1）		
（2）		
（3）		

2. ABC 会计师事务所接受委托，对家电制造业丁公司 2017 年财务报表进行审计。

资料 1：A 注册会计师在审计工作底稿中记录了所了解的丁公司的情况及其环境，部分内容摘录如下：

（1）由于 2016 年 B 产品供不应求，丁公司提出 2017 年将 B 产品销量提高 30% 的目标，并规定 2017 年公司管理层人员的薪酬与销量目标的完成情况直接挂钩。

（2）2017 年，家电制造行业原材料价格基本保持稳定，但随着家电产品的快速更新换代，销售价格频繁变化。丁公司也多次调整家电商品价目表，竞争进一步加剧。

（3）为实现年度经营目标，提高工作效率和各部门之间的相互协调性，丁公司决定由销售经理兼任信用管理部门负责人。

资料 2：A 注册会计师在审计工作底稿中记录了实施的相关实质性程序，部分内容摘录如下：

（1）从 2017 年年末发运凭证中选取样本，追查销售发票和营业收入明细账。

（2）追查销售发票上的详细信息至发运凭证、经批准的商品价目表和客户订购单。

（3）将主营业务收入明细账加总，追查其至总账的过账。

要求：

（1）针对资料 1 中（1）~（3）项，结合财务数据，假定不考虑其他条件，逐项判断是否可能表明存在重大错报风险。如果认为存在，说明该风险属于财务报表层次还是认定层次。如果认为属于认定层次，指出相关事项主要与哪些财务报表项目（仅限于主营业务收入、应收账款）的哪些认定相关（见表 2）。

表 2　重大风险及层次

事项序号	是否可能存在重大错报风险（是/否）	理由	风险的层次（报表层/认定层）	财务报表项目及相关认定
（1）				
（2）				
（3）				

（2）逐项判断资料 2 所列实质性程序对发现根据资料 1 识别的认定层次重大错报是否直接有效。如果直接有效，指出资料 2 所列实质性程序与资料 1 的第几个事项的认定层次重大错报风险直接相关，并简要说明理由（见表 3）。

表 3　重大错报是否有效及理由

资料 2 所列实质性程序序号	所列实质性程序对发现根据资料 1 识别的认定层次重大错报是否直接有效	与资料 1 的第几个事项的认定层次重大错报风险直接相关	理由
（1）			
（2）			
（3）			

第十三套试题

一、单项选择题（下列每小题有 A、B、C、D 四个备选答案，只有一个符合题意，请将正确选项填入括号中。）

1. ABC 会计师事务所承接 X 公司 2017 年度财务报表审计工作，甲注册会计师担任项目合伙人。下列关于甲注册会计师的观点，正确的是（　　　　）。
   A. 注册会计师制定总体审计策略后，开展初步业务活动
   B. 开展初步业务活动以确定实际执行的重要性水平
   C. 开展初步业务活动以确定注册会计师是否具备独立性和专业胜任能力
   D. 开展初步业务活动以确保注册会计师对客户的商业机密保密

2. 被审计单位管理层为了降低税负而采取的收入确认舞弊手段不包括（　　　　）。
   A. 在提供劳务或建造合同的结果能够可靠估计的情况下，不在资产负债表日按完工百分比法确认收入，而推迟到劳务结束或工程完工时确认收入
   B. 采用以旧换新的方式销售商品时，以新旧商品的差价确认收入
   C. 所售商品满足收入确认条件时，不确认收入而将收到的货款作为负债挂账
   D. 销售相关商品并确认收入时，隐瞒售后回购协议

3. 注册会计师必须事先准确定义构成误差的条件，下列选项对误差的描述错误的是（　　　　）。
   A. 在控制测试中，误差是指控制偏差
   B. 在控制测试中，注册会计师要仔细定义所要测试的控制及可能出现偏差的情况
   C. 在细节测试中，误差就是可容忍错报
   D. 在细节测试中，误差是指错报

4. 在对内部控制进行测试时，注册会计师利用非统计抽样的方法对抽样结果进行评价时，下列判断正确的是（　　　　）。
   A. 如果样本偏差率高于可容忍偏差率，则总体可以接受
   B. 如果样本偏差率大大低于可容忍偏差率，则总体可以接受
   C. 如果样本偏差率低于但接近可容忍偏差率，则总体可以接受
   D. 如果样本偏差率低于可容忍偏差率，相差不大也不小，则总体可以接受

5. 有关审计抽样的下列表述中，注册会计师不能认同的是（　　　　）。
   A. 审计抽样适用于在控制测试中，控制的运行留下轨迹的
   B. 统计抽样的产生并不意味着非统计抽样的消亡
   C. 统计抽样能够客观地计量抽样风险，并通过调整样本规模精确地控制风险，因此

不涉及注册会计师的专业判断

  D. 对可信赖程度要求越高，需选取的样本量就应越大

  6. X 注册会计师在对 Y 公司主营业务收入进行测试的同时，一并对应收账款进行了测试。假定 Y 公司 2017 年 12 月 31 日应收账款明细账显示其有 1 000 户顾客，账面余额为 20 000 万元。X 注册会计师拟通过抽样函证应收账款账面余额，抽取 120 个样本。样本账户账面余额为 500 万元，审定后认定的余额为 350 万元。根据样本结果采用差额估计抽样法推断应收账款的总体余额为（ ）万元。

    A. -769.23   B. 18 750

    C. -1 000   D. 9 000

  7. 注册会计师计划检查一个 30 张支票的样本，以了解其是否按照被审计单位的内部财务控制制度所规定的那样进行会签。在 30 张支票中发现有一张支票丢失了，则注册会计师的下列做法正确的是（ ）。

    A. 按照样本规模为 29 来评价抽样结果

    B. 在评价样本结果时把丢失支票视为一项误差

    C. 把这张丢失支票按照其他 29 张的情况来对待

    D. 选取另一张支票并代替这张丢失的支票

  8. 下列有关抽样风险的说法中，错误的是（ ）。

    A. 细节测试中的抽样风险包括误受风险和误拒风险

    B. 控制测试中的抽样风险包括信赖过度风险和信赖不足风险

    C. 抽样风险影响审计效果和效率

    D. 注册会计师可以准确地计量和控制抽样风险

  9. 下列关于抽样风险与非抽样风险的表述，不正确的是（ ）。

    A. 通过扩大样本规模也不能消除抽样风险

    B. 非抽样风险不可以量化

    C. 抽样风险与样本规模呈反向变动关系

    D. 统计抽样运用概率论评价样本结果，无须注册会计师进行职业判断

  10. 存货总金额为 1 000 万元，重要性水平为 100 万元，根据抽样结果推断的差错额为 65 万元，而账户的实际差错额为 120 万元，这时，注册会计师承受了（ ）。

    A. 误拒风险   B. 信赖不足风险

    C. 误受风险   D. 信赖过度风险

  11. 下列抽样风险中，属于注册会计师在细节测试时，只影响审计效率的是（ ）。

    A. 信赖过度风险   B. 误拒风险

    C. 信赖不足风险   D. 误受风险

  12. 注册会计师通常无法通过（ ）程序，了解销售与收款循环的业务活动和相关内部控制。

    A. 获取并阅读被审计单位的相关业务流程图或内部控制手册等资料

    B. 观察仓储部门人员是否以及如何将装运的商品与销售单上的信息进行核对

    C. 检查销售单、发运凭证、客户对账单等

    D. 选取一笔已收款的销售交易，检查该笔交易从接受客户订购单至应收账款明细账

13. 以下各项中，与收款交易类别相关的常见主要凭证和会计记录是（　　　　）。

    A. 客户订购单   B. 营业收入明细账

    C. 贷项通知单   D. 汇款通知书

14. 下列各项中，不属于销售与收款循环涉及的主要凭证是（　　　　）。

    A. 请购单   B. 发运凭证

    C. 销售发票   D. 折扣与折让明细账

15. 企业在销售交易中通常需要经过审批的单据不包括（　　　　）。

    A. 商品价目表   B. 销售单

    C. 销售发票   D. 贷项通知单

16. 为了降低开具发票过程中出现遗漏、重复、错误计价或其他差错的风险，不属于被审计单位通常需要设立的控制的是（　　　　）。

    A. 依据已授权批准的商品价目表开具销售发票

    B. 将请购单上的商品总数与相对应的购货发票上的商品总数进行比较

    C. 负责开发票的员工在开具每张销售发票之前，检查是否存在相应的发运凭证

    D. 负责开发票的员工在开具每张销售发票之前，检查是否存在相应的经批准的销售单

17. 下列各项中，针对被审计单位记录销售的相关的控制程序不恰当的是（　　　　）。

    A. 使用事先连续编号的销售发票并对发票使用情况进行监控

    B. 依据有效的发运凭证和销售单记录销售。这些发运凭证和销售单应能证明销售交易的发生及其发生的日期

    C. 记录销售的职责应与处理销售交易的其他功能相分离

    D. 由负责现金出纳和销售及应收账款记账的人员定期向客户寄发对账单，对不符事项进行调查，必要时调整会计记录，编制对账情况汇总报告并交管理层审核

18. 被审计单位针对销售与收款循环中内部核查程序的主要内容不包括（　　　　）。

    A. 检查是否存在出纳与应付账款不相容职务混岗的现象

    B. 检查授权批准手续是否健全，是否存在越权审批行为

    C. 检查信用政策、销售政策的执行是否符合规定

    D. 检查销售收入是否及时入账，应收账款的催收是否有效，坏账核销和应收票据的管理是否符合规定

19. 被审计单位设计的以下针对收款交易的内部控制，存在缺陷的是（　　　　）。

    A. 企业应当建立应收账款账龄分析制度和逾期应收账款催收制度，销售部门应当负责应收账款的催收，财会部门应当督促销售部门加紧催收

    B. 企业应当按产品设置应收账款台账，及时登记每一客户应收账款余额增减变动情况和信用额度使用情况

    C. 企业对于可能成为坏账的应收账款应当报告有关决策机构，由其进行审查，确定是否确认为坏账

    D. 企业应当定期与往来客户通过函证等方式核对应收账款、应收票据、预收款项等往来款项。如有不符，应查明原因，及时处理

20. 下列说法中，注册会计师针对被审计单位销售与收款循环的重大错报风险的评估的说法，不恰当的是（　　　　）。

A. 注册会计师需要结合对被审计单位及其环境的具体了解，考虑收入确认舞弊可能如何发生

B. 注册会计师通过了解被审计单位销售模式和业务流程、收入确认的具体原则等，有助于其考虑收入虚假错报可能采取的方式，从而设计恰当的审计程序以发现此类错报

C. 注册会计师通过实施风险评估程序了解到，被审计单位所处行业竞争激烈并伴随着利润率的下降，而管理层过于强调提高被审计单位利润水平的目标，则注册会计师需要警惕管理层通过实施舞弊低估收入，从而低估利润的风险

D. 注册会计师在识别和评估与收入确认相关的重大错报风险时，应当基于收入确认存在舞弊风险的假定，评价哪些类型的收入、收入交易或认定导致舞弊风险

二、多项选择题（下列每小题有 A、B、C、D 四个备选答案，有两个或两个以上符合题意，请将正确选项填入括号中。）

1. 下列各项中，对误差的定义错误的是（　　　　）。
   A. 注册会计师核对 C 公司应收账款明细账与总账，将总账和明细账中金额不符的情况作为错报
   B. B 公司要求验收部门对已收货的商品编制验收单，注册会计师将未编制验收单的情况作为一项错报
   C. A 公司要求订购单必须事先连续编号，注册会计师进行此项控制测试时将订购单未进行连续编号的情况作为偏差
   D. 注册会计师核对销售商品的发票和账面金额是否相符时，将发票未进行审核的情况作为偏差

2. 针对销售与收款循环主要单据与会计记录，下列说法正确的是（　　　　）。
   A. 发运凭证的一联留给客户，其余联由企业保留，通常其中有一联由客户在收到商品时签署并返还给销售方，用作销售方确认收入及向客户收取货款的依据
   B. 销售发票是在会计账簿中登记销售交易的基本凭据之一
   C. 客户对账单上通常注明应收账款的期初余额、本期销售交易的金额、本期已收到的货款、贷项通知单的金额以及期末余额等内容
   D. 应收账款账龄分析表应当按年编制，反映年末应收账款总额的账龄区间，并详细反映每个客户年末应收账款金额和账龄

3. 下列各项中，直接影响控制测试样本规模的因素是（　　　　）。
   A. 可容忍偏差率
   B. 注册会计师在评估风险时对相关控制的依赖程度
   C. 控制所影响账户的可容忍错报
   D. 拟测试总体的预期偏差率

4. 在控制测试中，确定样本规模时一般需要考虑（　　　　）。
   A. 可容忍误差

B. 预计总体误差

C. 可接受的抽样风险

D. 总体变异性

5. 下列关于影响样本规模的因素的说法，恰当的是（　　　　）。

A. 总体变异性在控制测试中无须考虑

B. 在既定的可容忍误差下，预计总体误差越大，所需的样本规模越大

C. 抽样单元超过 5 000 个的总体视为大规模总体

D. 在非统计抽样中，注册会计师可以只对影响样本规模的因素进行定性估计，并运用职业判断确定样本规模

6. 下列关于"在细节测试中使用非统计抽样方法"的说法中，正确的是（　　　　）。

A. 注册会计师应确定抽样总体适合于特定的审计目标

B. 识别单个重大项目和极不重要的项目

C. 注册会计师利用模型确定样本规模时，应在"剔除百分之百检查的所有项目后估计总体的账面金额"方面运用职业判断

D. 在统计抽样中，根据样本中发现的错报金额推断总体错报金额的方法主要有比率法和差异法

7. 下列有关样本选取的说法，正确的是（　　　　）。

A. 在选取样本项目时，注册会计师应当使总体中每个样本被选取的概率相等

B. 随机数选样方法在统计抽样和非统计抽样中均适用

C. 随意选样法不能在统计抽样中使用

D. 系统选样法只可以在非统计抽样中使用

8. 以下各项中，表述正确的是（　　　　）。

A. 可容忍误差越小，需选取的样本规模越大

B. 预期误差越小，需选取的样本量越大

C. 可信赖程度要求越高，需选取的样本量越大

D. 在控制测试中，样本规模与总体变异性呈正向变动

9. 审计抽样既可以用于控制测试，又可以用于实质性程序，下列具体审计程序中，不适宜采用审计抽样的是（　　　　）。

A. 询问

B. 细节测试

C. 分析程序

D. 观察

10. 以下关于概率比例规模抽样（PPS 抽样）的说法，正确的是（　　　　）。

A. 总体中每一余额或交易被选取的概率与其账面金额呈比率

B. 零余额的账户在概率比例规模抽样中不会被选取

C. 如果注册会计师预计没有错报，概率比例规模抽样的样本规模通常比传统变量抽样方法更小

D. 概率比例规模抽样适合于查找高估错误

三、判断分析题（判断下列说法是否正确，若正确请在括号内打√，否则打×。如果不正确请说明理由。）

1. 就审计证据的相关性而言，如果测试应付账款的低估，则测试已记录的应付账款可能是相关的审计程序。   （   ）

　　理由：

2. 审计证据适当性的核心内容是相关性和可靠性，特定的审计程序可能只为某些认定提供相关的审计证据，而与其他认定无关，审计证据的可靠性受其来源和性质的影响，并取决于获取审计证据的具体环境。   （   ）

　　理由：

3. 会计记录中含有的信息本身不足以提供充分的审计证据作为对财务报表发表审计意见的基础。   （   ）

　　理由：

4. 注册会计师对在本期注销的银行存款账户不必进行函证。   （   ）

　　理由：

5. 在对 X 公司 20×7 年度财务报表的应收账款实施函证时，注册会计师根据 X 公司债务人数量比较少和内部控制比较有效的特点，将函证截止日期提前到 20×7 年 12 月 10 日。于 20×7 年 12 月 11 日发函，可以证实截至 20×7 年 12 月 31 日的欠款余额。（   ）

　　理由：

6. 关于回函中免责条款或限制条款，在特殊情况下，如果限制条款产生的影响难以确定，注册会计师应确定其对审计意见的影响。   （   ）

　　理由：

7. 非抽样风险是人为造成的，可以降低或防范。   （   ）

　　理由：

8. 被审计单位内部控制规定支付采购款项前，授权人应当针对每笔款项进行审查，然后在付款单上签字，每一张付款单可以包含三笔款项。注册会计师通过抽样测试确定付款是否得到授权批准时，每一张现金付款凭证所定义的抽样单元最有利于提高审计效率。

                     （   ）

　　理由：

9. 注册会计师应将被审计单位已更正的错报从推断的总体错报金额中减掉，将调整后的推断总体错报与可容忍错报相比较，但必须考虑抽样风险。   （   ）

　　理由：

10. 注册会计师在审计过程中发现被审计单位营业收入存在重大错报风险，假设该企业全年发生了 796 笔营业收入，其中金额重大的有 10 笔，存在特别风险的有 3 笔，针对营业收入明细账实施抽样。注册会计师在设计样本时合理的做法是应将金额重大的 10 笔、存在特别风险的 3 笔业务作为单个重大项目逐一进行检查，对于剩余 783 笔业务定义为抽样总体进行抽样检查。   （   ）

　　理由：

四、简答题

1. 简述内部控制的含义、目标及要素。

2. 在期中实施实质性程序应考虑的因素。

3. ABC 会计师事务所负责审计甲公司 2017 年度财务报表，A 注册会计师是项目合伙人，在对应收账款的账户余额实施函证程序时，遇到下列事项：

（1）审计项目组收到一份函证回函中标注"本回复仅用于审计目的，被询证方、其员工或代理人无任何责任，也不能免除注册会计师做其他询问或执行其他工作的责任"，审计项目组据此认为该回函可靠，记录在工作底稿中。

（2）审计项目组成员收到了一份电子邮件的回函，确认余额准确无误。但是审计项目组成员认为电子形式回函都不可靠，必须收到询证函原件，于是 A 注册会计师要求被询证者提供回函原件。

（3）甲公司客户 B 公司的回函显示金额差异 100 万元。甲公司财务经理解释，B 公司于 2017 年 12 月 31 日已经付款，而甲公司于 2018 年 1 月 2 日收到货款。A 注册会计师认为该解释合理，未实施其他审计程序。

（4）甲公司客户 C 公司的回函显示金额差异 3 万元。小于明显微小错报的临界值，无须实施进一步审计程序。

（5）A 注册会计师在甲公司财务负责人的陪同下，将询证函送至甲公司的客户 D 公司的财务部门。为了不打扰 D 公司员工工作，A 注册会计师在会客室等待，而甲公司财务负责人则到财务主管办公室协商一些往来事项。随后，财务部门员工将询证函回函送交给 A 注册会计师。

（6）询证函经会计师事务所盖章后，寄发给被函证者，并作为甲公司应收账款催收的文件。

要求：

针对上述（1）~（6）项，判断是否存在不当之处，如果存在不当之处，请说明理由。

4. 上市公司甲公司系 ABC 会计师事务所的常年审计客户。2017 年 4 月 1 日，ABC 会计师事务所与甲公司续签了 2017 年度财务报表审计业务约定书。XYZ 会计师事务所和 ABC 会计师事务所使用同一品牌，共享重要的专业资源。ABC 会计师事务所遇到下列与职业道德有关的事项：

（1）ABC 会计师事务所委派 A 注册会计师担任甲公司 2017 年度财务报表审计的项目合伙人。A 注册会计师曾担任甲公司 2011 年度至 2015 年度财务报表审计的项目合伙人，但未担任甲公司 2016 年度财务报表审计的项目合伙人。

（2）2017 年 9 月 15 日，甲公司收购了乙公司 80%的股权，乙公司成为其控股子公司。项目组 B 注册会计师自 2016 年 1 月 1 日起担任乙公司的独立董事，任期 5 年，ABC 会计师事务所将 B 注册会计师调离审计项目组。

（3）C 注册会计师系 ABC 会计师事务所的合伙人，与 A 注册会计师同处一个业务部门。2017 年 3 月 1 日，C 注册会计师购买了甲公司股票 5 000 股，每股 10 元，由于尚未出售该股票，ABC 会计师事务所未委派 C 注册会计师担任甲公司审计的项目组成员。

（4）丙公司系甲公司的母公司，甲公司审计项目组成员 D 的妻子在丙公司担任财务总监。

（5）甲公司审计项目组成员 E 曾在甲公司人力资源部负责员工培训工作，于 2017 年 2 月

10 日离开甲公司，加入 ABC 会计师事务所。

（6）2017 年 2 月 25 日，XYZ 会计师事务所接受甲公司委托，提供会计信息系统设计服务。甲公司同时将内部审计职能外包给 XYZ 会计师事务所，包括负责确定内部审计工作范围。

要求：

针对上述（1）～（6）项，逐项指出 ABC 会计师事务所及其人员是否违反中国注册会计师职业道德守则，并简要说明理由。

五、案例分析

1. ABC 会计师事务所承接甲公司 2017 年度财务报表审计业务。A 注册会计师在审计工作底稿中记录了部分所了解的甲公司及其环境的情况如下：

（1）2017 年 12 月，一名采购部已离职员工向甲公司董事会举报，称采购经理和财务经理串通，采购经理挪用了一笔 450 万元的款项。甲公司已对此事展开调查，目前尚无结论。

（2）2017 年年初，甲公司在 10 个城市采用租赁方式新设了售后服务处，使售后服务处增加到 30 个。

（3）2017 年甲公司启用了新的财务信息系统，由于新系统的多个相关数据模块运行不够稳定，运算结果有时存在误差。

（4）2017 年 12 月，甲公司首次获得 300 万元政府补助。相关文件规定，该补助是对甲公司 2017 年的新产品生产线的补助。

A 注册会计师在审计工作底稿中记录了所获取的甲公司财务数据，部分内容摘录如表 1 所示。

表 1 甲公司财务数据   金额单位：万元

年份	2017 年未审数	2016 年已审数
销售费用——办公室租金	140	175
营业外收入——政府补助	300	0

要求：

针对（1）～（4）项，结合甲公司部分财务数据，假定不考虑其他条件，逐项判断所列事项是否可能表明存在重大错报风险。如果认为存在，指出相关事项主要与哪些账户（仅限于：销售费用、货币资金、营业外收入）的哪些认定相关（见表 2）。

表 2 重大错报风险理由及认定

事项序号	是否可能存在重大错报风险（是/否）	理由	相关认定
（1）			
（2）			
（3）			
（4）			

2. ABC 会计师事务所负责所属制造业的甲公司 2017 年年报审计。A 注册会计师在审计工作底稿中记录了实施的控制测试及其结果，部分内容摘录如表 3 所示。

表 3　控制测试及结果

事项序号	控制	控制测试及其结果
（1）	每月末，系统自动匹配发货单、订单、发票和入账的主营业务收入，并生成专门报告反映未匹配项目的清单	A 注册会计师检查了每月生成的销售交易发生和记录的专门报告，发现从 2017 年 10 月以后就没有生成专门报告。经询问，财务经理表示由于以前月份很少发现销售和记录不匹配的情况，因此就没有再生成和阅读专门报告
（2）	对于赊销业务，由信用管理部门负责人在授权范围内进行审批，超过信用额度的业务由公司管理层集体审批	A 注册会计师检查了赊销业务审批执行情况，抽取了甲公司 2017 年 8 月新发展的，赊销信用额度为 40 万元的客户乙公司。发现 9 月 25 日，乙公司要求赊销价值 50 万元的货物，信用管理部门负责人将该笔业务拆分为两笔业务，分别进行了审批
（3）	产品送达后，甲公司要求客户的经办人员在发运凭单上签字。财务部将客户签字确认的发运凭单作为收入确认的依据之一	A 注册会计师抽查了部分 2017 年的发运凭单，检查发运单经客户签字确认的执行情况。经检查，有 5 张发运凭单未经客户签字。销售人员解释，这 5 批货物在运抵客户时，客户的经办人员出差。由于以往未发生过客户拒绝签收的情况，经财务经理批准后确认收入

要求：

针对（1）~（3）项，假定这些控制设计有效并得到执行，根据控制测试及其结果，逐项指出所列控制运行是否有效，如认为运行无效，简要说明理由。

第十四套试题

一、单项选择题（下列每小题有 A、B、C、D 四个备选答案，只有一个符合题意，请将正确选项填入括号中。）

1. 被审计单位管理层为了达到粉饰财务报表的目的而虚增收入或提前确认收入的舞弊手段不包括（　　　　）。
   A. 通过出售关联方的股权，使之从形式上不再构成关联方，但仍与之进行显失公允的交易，或与未来或潜在的关联方进行显失公允的交易
   B. 通过虚开商品销售发票虚增收入，而将货款挂在应收账款中，并可能在以后期间计提坏账准备，或在期后冲销
   C. 通过隐瞒售后回购或售后租回协议，而将以售后回购或售后租回方式发出的商品作为销售商品确认收入
   D. 选择与销售模式匹配的收入确认会计政策

2. 在细节测试中，下列项目与样本量呈同向变动关系的是（　　　　）。
   A. 可接受的误受风险
   B. 可容忍错报
   C. 预计总体偏差率
   D. 重要性水平

3. 注册会计师在实施审计过程中发现的、需要引起对舞弊风险警觉的事实或情况不包括（　　　　）。
   A. 未经客户同意，将商品运送到销售合同约定地点以外的其他地点
   B. 交易标的对交易对手而言不具有合理用途
   C. 与主要客户存在大规模交易
   D. 在接近期末时发生了大量或大额的交易

4. 在收入确认领域，注册会计师可以实施的分析程序不包括（　　　　）。
   A. 将本期销售收入金额与以前可比期间的对应数据或预算数进行比较
   B. 将销售收入变动幅度与销售商品及提供劳务收到的现金、应收账款、存货、税金等项目的变动幅度进行比较
   C. 将应付账款周转率，预付账款变动情况与可比期间数据、预算数或同行业其他企业数据进行比较
   D. 分析销售收入与销售费用之间的关系，包括销售人员的人均业绩指标、销售人员薪酬、差旅费用、运费，以及销售机构的设置、规模、数量、分布等

5. 如果发现异常或偏离预期的趋势或关系，注册会计师需要认真调查其原因，评价是否表明可能存在由于舞弊导致的重大错报风险，注册会计师可能采取的调查方法不包括（   ）。

A. 如果管理层表示收入增长是由于销售量增加所致，注册会计师可以调查与市场需求相关的情况

B. 如果注册会计师发现应收账款余额较大，或其增长幅度高于销售收入的增长幅度，注册会计师需要告知被审计单位相关人员

C. 如果注册会计师发现被审计单位的收入增长幅度明显高于管理层的预期，可以询问管理层的适当人员，并考虑管理层的答复是否与其他审计证据一致

D. 如果注册会计师发现被审计单位的毛利率变动较大或与所在行业的平均毛利率差异较大，注册会计师可以采用定性分析与定量分析相结合的方法，从行业及市场变化趋势、产品销售价格和产品成本要素等方面对毛利率变动的合理性进行调查

6. 针对销售发票上的金额可能出现计算错误的错报环节，注册会计师的下列控制测试程序不恰当的是（   ）。

A. 自动控制下，询问发票生成程序更改的一般控制情况，确定是否经授权以及现有的版本是否正在被使用

B. 自动控制下，检查有关程序更改的复核审批程序

C. 手工控制下，检查与发票计算金额正确性相关的人员的签名

D. 手工控制下，拟信赖以前年度获取有关控制测试的证据

7. 针对应收账款记录的收款与银行存款可能不一致的错报环节，注册会计师的下列控制测试程序不恰当的是（   ）。

A. 检查银行存款余额调节表和负责编制调节表的员工的签名

B. 检查坏账核销是否经过管理层的恰当审批

C. 检查核对每日收款汇总表、电子版收款清单和银行存款清单的核对记录和核对人签名

D. 检查客户质询信件并确定问题是否已被解决

8. 注册会计师对销售交易实施的截止测试可能包括的程序是（   ）。

A. 复核资产负债表日前后销售和发货水平，确定业务活动水平是否异常，并考虑是否有必要追加实施截止测试程序

B. 取得资产负债表日后所有的销售退回记录，检查是否存在提前确认收入的情况

C. 结合对资产负债表日应收账款的函证程序，检查有无未取得对方认可的销售

D. 以上全部正确

9. 如果注册会计师认为被审计单位存在通过虚假销售做高利润的舞弊风险，可能会采取非常规的审计程序应对该风险，这些程序不包括（   ）。

A. 考虑利用反舞弊专家的工作，对被审计单位和客户的关系及交易进行调查

B. 检查与已收款交易相关的收款记录及原始凭证，检查付款方是否为销售交易对应的客户

C. 调查被审计单位客户的工商登记资料和其他信息，了解客户是否真实存在，其业务范围是否支持其采购行为

D. 扩大控制测试的范围

10. 下列各项审计程序中，不可以为营业收入的发生认定提供审计证据的是（   ）。

    A. 以相关原始凭证如订购单、销售单、发运凭证、发票为起点，检查主营业务收入明细账中的会计分录

    B. 对应收账款余额实施函证

    C. 存在销货退回的，检查相关手续是否符合规定，结合原始销售凭证检查其会计处理是否正确，结合存货项目审计关注其真实性

    D. 实施实质性分析程序

11. 下列有关销售折扣与折让相关的说法，不正确的是（   ）。

    A. 销售折扣和折让均需经过授权批准

    B. 销售折让不影响销售收入，是对应收账款的抵减

    C. 销售折扣是对销售收入的抵减，影响收入的计量

    D. 注册会计师一般会抽查金额较大的折扣与折让发生额的授权批准情况

12. 针对下列特殊的销售行为，注册会计师认为被审计单位处理不正确的是（   ）。

    A. 属于融资行为的售后回购不能确认收入

    B. 被审计单位能对退货做合理估计，因而退货期满前按不会退货部分确认收入

    C. 被审计单位不能对退货做合理估计，因而一般在退货期满后才确认收入

    D. 以旧换新销售时，按新商品的售价确认营业收入，旧商品的回收价确认营业成本

13. 下列有关注册会计师针对应收账款实施函证程序的说法中，不恰当的是（   ）。

    A. 若相关内部控制有效，则可以不进行函证

    B. 注册会计师可采用积极的或消极的函证方式实施函证，也可将两种方式结合使用

    C. 对回函中出现的不符事项，注册会计师需要调查核实原因，确定其是否构成错报

    D. 注册会计师应当将询证函回函作为审计证据，纳入审计工作底稿管理，询证函回函的所有权归属所在会计师事务所

14. 下列各项中，不属于注册会计师函证应收账款时需要考虑选择的项目是（   ）。

    A. 可能产生重大错报或舞弊的非正常的项目

    B. 交易量少且期末余额较小甚至余额为零的项目

    C. 与债务人发生纠纷的项目

    D. 新增客户项目

15. 针对应收账款实施函证程序，如果未收到被询证方的回函，注册会计师应当实施的替代审计程序不包括（   ）。

    A. 查看资产负债表日后收回的货款的收款单据，确认付款方确为该客户且确与资产负债表日的应收账款相关

    B. 检查相关的销售合同、销售单、发运凭证等文件

    C. 检查被审计单位与客户有关发货、对账、催款等事宜邮件

    D. 向以前审计过程中接触不多的被审计单位员工询问

16. 针对（   ）目标，注册会计师设计细节测试时应特别注意追查凭证的起点和测试方向，否则就属于严重的审计缺陷。

    A. 权利与义务   B. 截止

C. 发生   D. 计价与分摊

17. 在对营业收入实施实质性分析程序时，注册会计师可能用到的数据不包括（　　　　　）。

    A. 本期营业外收入发生额   B. 本期应收账款增加额

    C. 上期营业收入发生额   D. 产品利润率

18. 注册会计师针对主营业务收入实施截止测试时，可以考虑选择的审计路径是（　　　　　）。

    A. 从资产负债表日前后若干天的销售发票追查至账簿记录和发运凭证

    B. 从资产负债表日前后若干天的账簿记录追查至记账凭证和发运凭证

    C. 从资产负债表日前的销售发票追查至账簿记录和发运凭证

    D. 从资产负债表日前后若干天的发票追查至账簿记录

19. 注册会计师在检查被审计单位 2018 年年末 3 年以上账龄的应收账款余额时，注册会计师应当关注被审计单位 2017 年年末（　　　　　）的应收账款余额。

    A. 1 年以内   B. 1～2 年

    C. 2～3 年   D. 2 年以上

20. 下列审计程序中，与应收账款的存在认定相关的是（　　　　　）。

    A. 向购买方函证

    B. 检查销售发票编号是否完整

    C. 检查发运单编号的完整性

    D. 选取发运单，追查至发票和银行日记账、应收账款明细账

二、多项选择题（下列每小题有 A、B、C、D 四个备选答案，有两个或两个以上符合题意，请将正确选项填入括号中。）

1. 下列审计程序中，与应收账款的计价和分摊认定不相关的有（　　　　　）。

    A. 分析应收账款账龄，确定坏账准备计提是否适当

    B. 选取发票，追查至发运凭证和银行日记账、应收账款明细账

    C. 检查期后已收回应收账款情况

    D. 以应收账款明细账为起点，检查合同，确定是否已贴现、出售或质押

2. 下列选项中，属于统计抽样的优点的有（　　　　　）。

    A. 抽样风险能够被客观地计量

    B. 通过高效设计样本，帮助注册会计师计量所获得证据的充分性

    C. 统计抽样通过调整样本规模精确地控制风险

    D. 统计抽样可能发生额外的成本

3. 下列与销售相关的内部控制中，与营业收入的发生认定不直接相关的有（　　　　　）。

    A. 仓库只有在收到经批准的销售单时才能编制发运凭证并供货

    B. 负责开具销售发票的员工无权修改开票系统中已设置好的商品价目表

    C. 依据有效的发运凭证和销售单及销售发票记录销售

    D. 一般定期对应收账款的可回收性进行评估，并基于一定的指标计提坏账准备

4. 针对被审计单位销售交易的业务流程，下列说法中不恰当的有（　　　　　）。

A. 接受客户订购单—批准赊销信用—开具销售发票—根据销售单编制发运凭证并供货—按销售单及发运凭证装运货物

B. 批准赊销信用—接受客户订购单—根据销售单编制发运凭证并供货—按销售单及发运凭证装运货物—开具销售发票

C. 接受客户订购单—批准赊销信用—根据销售单编制发运凭证并供货—按销售单及发运凭证装运货物—开具销售发票

D. 批准赊销信用—接受客户订购单—根据销售单编制发运凭证并供货—开具销售发票—按销售单及发运凭证装运货物

5. 针对使用信息系统实现自动化的被审计单位，下列销售与收款循环的内部控制不存在设计缺陷的有（　　　　　）。

A. 信用管理部门赊销审批后，信息系统自动更新主营业务收入明细账及应收账款明细账

B. 系统将客户代码、商品发送地址、发运凭证、发票与应收账款主文档中的相关信息进行比对

C. 销售单、发运凭证核对一致的情况下生成连续编号的销售发票，并对例外事项进行汇总，以供企业相关人员进行进一步的处理

D. 仓库部门在销售单得到发货批准后才能生成连续编号的发运凭证，并能按照设定的要求核对发运凭证与销售单之间相关内容的一致性

6. 以下选项中，可以担任定期向客户寄发对账单工作的人员有（　　　　　）。

A. 应收账款明细账记账员

B. 现金出纳员

C. 客户专员

D. 信用调查人员

7. 以下有关职责分离的说法，恰当的有（　　　　　）。

A. 适当的职责分离有助于防止各种有意或无意的错误

B. 主营业务收入账系由记录主营业务成本之外的员工独立登记，并由另一位不负责账簿记录的员工定期调节总账和明细账，构成一项交互牵制

C. 负责主营业务收入和应收账款记账的员工不得经手货币资金，也是防止舞弊的一项重要控制

D. 销售人员通常有一种追求更大销售数量的自然倾向，赊销的审批则在一定程度上可以抑制这种倾向

8. 下列不属于企业在销售交易中对授权审批范围设定权限的目的的有（　　　　　）。

A. 防止企业因向虚构的客户发货而蒙受损失

B. 防止企业因向无力支付货款的客户发货而产生损失

C. 保证销售交易按照企业定价政策规定的价格开票收款

D. 防止因审批人决策失误而造成损失

9. 针对销售交易，被审计单位的以下内部控制，满足职责适当分离的基本要求的有（　　　　　）。

A. 在销售合同订立前，应当指定专门人员就销售价格、信用政策、发货及收款方式等具体事项与客户进行谈判并订立合同

B. 应当分别设立办理销售、发货、收款三项业务的部门（或岗位）

C. 应收票据的取得和贴现必须经由保管票据以外的主管人员的书面批准

D. 销售人员应当避免接触销货现款

10. 以下有关销售交易相关内部控制的说法，恰当的有（　　　　）。

A. 企业应收票据的取得和贴现必须经由保管票据以外的主管人员的书面批准

B. 非经正当审批，不得发出货物

C. 企业在收到客户订购单后，编制一份预先编号的一式多联的销售单，分别用于批准赊销、审批发货、记录发货数量以及向客户开具发票等

D. 对凭证预先进行编号，旨在防止销售以后遗漏向客户开具发票或登记入账，但是防止不了重复开具发票或重复记账

三、判断分析题（判断下列说法是否正确，若正确请在括号内打√，否则打×。如果不正确请说明理由。）

1. 按内容和目的的不同，审计可分为合理保障业务和有限保障业务。　　（　　　　）
   理由：

2. 经营失败必然会导致审计失败。　　（　　　　）
   理由：

3. 如果会计师事务所的收入过分依赖某一客户，会因自身利益导致对独立性产生不利影响。
   （　　　　）
   理由：

4. 注册会计师拟设计控制测试，以获取控制在整个拟信赖的期间有效运行的充分、适当的审计证据。如果控制执行的频率越高，则控制测试的范围越小。　　（　　　　）
   理由：

5. 企业现金收入应当及时存入银行，不得用于直接支付企业自身的支出，因特殊情况需坐支的，应事先经公司管理层或治理层批准。　　（　　　　）
   理由：

6. 对于管理层凌驾于内部控制制度之上的串通舞弊，如果注册会计师按照审计准则确定的工作程序并保持必要的职业谨慎却未能查出，虽然无须承担刑事责任，但仍然应当承担相应的民事责任。　　（　　　　）
   理由：

7. 注册会计师对内部控制了解的深度主要是评价控制的设计是否合理而不是确定其是否得到执行。　　（　　　　）
   理由：

8. 在运用分析程序时，注册会计师应重点关注关键的账户余额、趋势和财务比率关系等方面，对其形成一个合理的预期，并与被审计单位记录的金额、依据记录金额计算的比率或

趋势相比较。   （   ）

理由：

9. 验收单是支持采购业务"发生"的重要凭据，但被审计单位无法通过验收单发现购货交易"完整性"认定的错误。   （   ）

理由：

10. 由于应付账款容易被漏记，应对其进行函证。   （   ）

理由：

四、简答题

1. 简述审计业务三方关系。

2. 简述实质性程序的含义和性质。

3. 注册会计师在实施抽盘程序时，如果发现差异应如何处理？

4. 甲股份有限公司（以下简称"甲公司"）主要从事日用品的生产和销售，产品销售以甲公司仓库为交货地点。X 注册会计师负责审计甲公司 2017 年度财务报表，于 2017 年 12 月 1 日至 12 月 15 日对甲公司的销售与收款循环的内部控制进行了解、测试与评价。

X 注册会计师负责对销售与收款循环的内部控制实施测试，并在审计工作底稿中记录了所实施的程序，部分内容摘录如下：

（1）在测试销售交易的发生是否真实时，注册会计师检查了销售发票副联是否附有装运凭证，并检查了赊销是否经过授权批准。

（2）注册会计师在了解被审计单位不相容职位是否分离时认为，参与销售合同谈判的人员至少应有 1 人，且应与订立合同的人员相分离。

（3）注册会计师发现被审计单位存在未经客户同意就在合同约定的发货期之前发送商品的情况，据此认为甲公司收入确认方面可能存在舞弊风险。

（4）针对向虚构的客户发货并作为销售交易登记入账的可能性，注册会计师采用了顺查的方式，检查了销售分录原始凭证、主营业务收入明细账和利润表。

（5）在审计过程中，注册会计师发现应收账款增长幅度大于销售收入增长幅度，对此注册会计师了解了赊销政策等相关情况，并扩大了函证比例，同时增加了截止测试比例。

要求：

针对资料（1）～（5）项，假定不考虑其他条件，请逐项指出注册会计师的做法或说法是否恰当。如不恰当，简要说明理由。

五、案例分析

1. 所属制造业的甲公司是 ABC 会计师事务所的常年审计客户。A 注册会计师在审计工作底稿中记录了风险应对的情况，部分内容摘录如下：

（1）A 注册会计师认为甲公司存在高估资产的特别风险，在了解相关控制后，未信赖这些控制，直接实施了细节测试。

（2）甲公司定期对公司存货组织盘点，A 注册会计师拟信赖与存货盘点相关的内部控制，并通过穿行测试确定了相关内部控制运行有效。

（3）甲公司的存货存放在多个地点。A 注册会计师基于管理层提供的存货存放地点清单，根据不同地点所存放存货的重要性及评估的重大错报风险确定了监盘地点。

（4）因审计中利用的外部专家并非注册会计师，A 注册会计师未要求其遵守注册会计师职业道德守则的相关规定。

要求：

针对（1）~（4）项，假定不考虑其他条件，逐项指出 A 注册会计师的做法是否恰当。如不恰当，简要说明理由（见表 1）。

表 1　A 注册会计师的做法是否恰当及理由

事项序号	是否恰当（是/否）	理由
（1）		
（2）		
（3）		
（4）		

2. 资料 1：ABC 公司是一家研发、制造和销售电脑设备的上市公司。由于没有掌握核心技术，ABC 公司只能从外部购买电脑芯片。电脑芯片成本约占 ABC 公司电脑生产成本的 45%。ABC 公司采购制度规定：每月初，采购部经理以定向集中采购方式采购本月生产所需要的数量较大的电脑芯片。

ABC 公司仓库管理制度规定，仓库保管员同时负责登记电脑芯片、电脑成品等存货明细账，以便对仓库中的所有存货项目的验收、发、存进行永续记录。当收到验收部门送交的存货和验收单据后，仓库保管员根据验收单登记存货明细账。仓库保管员根据车间材料员填写的领料单和销售人员填写的销货单发出电脑芯片和电脑成品。仓库保管员在空闲时间对存货进行必要的实地盘点。

资料 2：DEF 公司是一家主要从事环境工程、交通工程等基础设施建设的工程公司。最近，公司与 G 公司达成协议，将已中标承接的 G 公司的一项环保建设工程进行外包，DEF 公司由负责工程建设改为管理工程项目的质量和监督外包商的施工及竣工，并提供项目建设的咨询服务。

为有效管理该项环保建设工程，DEF 公司利用密封投标方式进行招标并预先向几个承包商发出投标邀请书。收到投标文件后，DEF 公司指派总经理对文件进行评价，以最低价为标准选出中标者。

要求：

（1）针对资料 1，指出分析 ABC 公司在采购业务环节、存货管理环节存在的内部控制缺陷，并提出改进建议。

（2）针对资料 2，指出 DEF 公司在工程招标管理上存在的不足之处。

第十五套试题

一、单项选择题（下列每小题有 A、B、C、D 四个备选答案，只有一个符合题意，请将正确选项填入括号中。）

1. 下列与销售交易相关的内部控制中，针对应收账款的计价和分摊认定直接相关的测试是（　　）。

   A. 信用管理部门的员工在收到销售单管理部门的销售单后，应将销售单与该客户已被授权的赊销信用额度以及至今尚欠的账款余额加以比较

   B. 财务人员根据核对一致的销售合同、客户签收单和销售发票、销售单、发运凭证等编制记账凭证并确认销售收入

   C. 销售发票连续编号

   D. 现金折扣需经过适当的授权批准

2. 下列不属于信息技术对内部控制的积极影响的是（　　）。

   A. 能够有效处理大流量交易及数据

   B. 比较不容易被绕过

   C. 可以实现有效的职责分离

   D. 防止错误数据的产生

3. 中国注册会计师审计准则要求注册会计师直接假定（　　）存在舞弊风险。

   A. 存货计价

   B. 收入确认

   C. 固定资产折旧

   D. 关联方关系及其交易

4. 下列有关收入确认存在的舞弊风险的评估的说法，不恰当的是（　　）。

   A. 如果管理层难以实现预期的利润目标，则可能有高估收入的动机或压力（如提前确认收入或记录虚假的收入），因此，收入的发生认定存在舞弊风险的可能性较大，而完整性认定则通常不存在舞弊风险

   B. 假定收入确认存在舞弊风险，意味着注册会计师应当将与收入确认相关的所有认定都假定为存在舞弊风险

   C. 如果管理层有隐瞒收入而降低税负的动机，则注册会计师需要更加关注与收入完整性认定相关的舞弊风险

   D. 如果被审计单位预期难以达到下一年度的销售目标，而已经超额实现了本年度的销售目标，就可能倾向于将本期的收入推迟至下一年度确认

5. 基于风险评估结果，注册会计师 A 确定被审计单位销售收入可能并未发生，且为特别风险，注册会计师拟相信内部控制，因此确定的进一步审计程序的总体方案为综合性方案，其从实质性程序中获取的保证程度为中，则需从控制测试中获取的保证程度应为（　　　　）。

    A. 高
                      B. 部分

    C. 无
                      D. 中

6. 被审计单位 2017 年销售 X 商品的毛利率为 30%，2017 年市场条件基本没有变化，被审计单位因销售 X 商品结转营业成本 1 600 万元，则注册会计师预期 2018 年被审计单位因销售 X 商品实现的营业收入为（　　　　）万元。

    A. 360
                      B. 2 160

    C. 2 286
                  D. 3 240

7. 被审计单位记录的下列现销业务中，导致其 2016 年度营业收入违反发生认定的是（　　　　）。

    A. 2017 年 12 月 25 日确认收入并结转成本，发运凭证的日期为 2016 年 1 月 2 日

    B. 2017 年 1 月 5 日确认收入并结转成本，发运凭证的日期为 2016 年 12 月 29 日

    C. 2016 年 12 月 25 日确认收入并结转成本，发运凭证的日期为 2017 年 5 月 3 日

    D. 2016 年 12 月 31 日确认收入并结转成本，发运凭证的日期为 2016 年 12 月 9 日

8. 注册会计师检查非记账本位币的主营业务收入使用的折算汇率及折算是否正确主要是针对营业收入项目的（　　　　）认定。

    A. 发生
                      B. 截止

    C. 准确性
                  D. 分类

9. 如果重大错报风险评估为低水平（　　　　）。

    A. 以资产负债表日为截止日，充分考虑对方的复函时间

    B. 以资产负债表日前适当时间为截止日，并对资产负债表日与该截止日之间的变动实施实质性程序

    C. 在资产负债表日适当时间实施该程序，并在审计结束前取得全部资料

    D. 以资产负债表日后适当时间为截止日，并对资产负债表日与该截止日之间的变动实施实质性程序

10. 注册会计师在对被审计单位 2017 年度财务报表实施审计时，如果发现其 2017 年末 2～3 年账龄的应收账款余额为 300 万元，如 2016 年年末（　　　　），则应当怀疑 2017 年末应收账款存在重大错报。

    A. 账龄在 1 年以内的应收账款余额为 100 万元

    B. 账龄为 1～2 年的应收账款余额为 150 万元

    C. 账龄为 2～3 年的应收账款余额为 300 万元

    D. 账龄为 3 年以上的应收账款余额为 350 万元

11. 下列关于函证应收账款的说法，不正确的是（　　　　）。

    A. 注册会计师应当对应收账款实施函证程序，除非有充分证据表明应收账款对被审计单位财务报表而言是不重要的，并且与之相关的重大错报风险很低

    B. 注册会计师应当对应收账款实施函证程序，除非有充分证据表明应收账款对被审计单位财务报表而言是不重要的，或者函证很可能是无效的

C. 如果不对应收账款函证，注册会计师应当在审计工作底稿中说明理由

D. 注册会计师需根据被审计单位的经营环境、内部控制的有效性、应收账款账户的性质、被询证者处理询证函的习惯做法及回函的可能性等，确定应收账款函证的范围、对象、方式和时间

12. 下列审计程序中，能够发现被审计单位高估应收账款的是（　　　　）。

A. 从应收账款明细账追查至发运凭证

B. 检查销售发票连续编号的完整性

C. 从发运凭证追查至应收账款明细账

D. 检查发运凭证连续编号的完整性

13. 注册会计师在确定实质性分析程序使用的数据是否可靠时，应当考虑的因素包括（　　　　）。

A. 可获得信息的来源

B. 可获得信息的可比性

C. 可获得信息的性质和相关性

D. 以上皆是

14. 注册会计师在每次年度财务报表审计中都必须运用的程序不包括（　　　　）。

A. 控制测试

B. 实质性程序

C. 了解被审计单位及其环境

D. 分析程序

15. 观察是注册会计师察看被审计单位（　　　　），以获取审计证据的方法。

A. 内部控制执行效率

B. 相关人员正在从事的活动

C. 实物资产

D. 会计资料

16. 审计证据的可靠性不受（　　　　）的影响。

A. 证据的性质

B. 获取证据的环境

C. 证据的来源

D. 被审计单位的业务性质

17. 下列有关审计证据的表述，不正确的是（　　　　）。

A. 询问独立第三者的书面记录比询问被审计单位相关人员更可靠

B. 从原件获取的审计证据比从传真或复印件获取的审计证据更可靠

C. 注册会计师有责任对相关文件的真伪进行鉴定，应承担因使用虚假文件所引起的审计责任

D. 如果发现文件存在伪造或篡改迹象，注册会计师应当考虑被审计单位存在舞弊的可能性，必要时利用专家的工作

18. 注册会计师在对 Q 公司的短期借款实施相关审计程序后，需对所取得的审计证据进行评价。下列有关短期借款审计证据可靠性的表述中，不正确的是（　　　　）。

A. 从第三方获取的有关短期借款的证据比直接从 Q 公司获得的相关证据更可靠

B. 短期借款的重大错报风险为低水平时产生的会计数据比重大错报风险为高水平时产生的会计数据更为可靠

C. 短期借款的重大错报风险为高水平时产生的会计数据比重大错报风险为低水平时产生的会计数据更为可靠

D. Q 公司提供的短期借款合同尽管有借贷双方的签章，但如果没有其他证据佐证，也不可靠

19. 注册会计师运用分析程序的主要目的不包括（   ）。

A. 在了解客户阶段，帮助确定审计约定事项的有关内容

B. 用作风险评估程序，以了解被审计单位及其环境

C. 直接作为实质性程序

D. 在审计结束时，对财务报表进行总体复核

20. 下列关于分析程序的说法，不正确的是（   ）。

A. 分析程序的主要目的是确认是否有异常或意外的波动

B. 当分析结果与预期值有较大差别时，注册会计师应进一步调查

C. 在对内部控制的了解中，注册会计师也会运用分析程序

D. 对于异常变动的项目，注册会计师应考虑审计方法是否适当，是否应追加审计程序

二、多项选择题（下列每小题有 A、B、C、D 四个备选答案，有两个或两个以上符合题意，请将正确选项填入括号中。）

1. 属于有关被审计单位常用的收入确认舞弊手段的是（   ）。

A. 以明显高于其他客户的价格向未披露的关联方销售商品

B. 销售合同中约定被审计单位的客户在一定时间内有权无条件退货，而被审计单位隐瞒退货条款，在发货时全额确认销售收入

C. 采用以旧换新的方式销售商品时，以新旧商品的差价确认收入

D. 在采用代理商的销售模式时，在代理商仅向购销双方提供帮助接洽、磋商等中介代理服务的情况下，按照相关购销交易的净额（扣除佣金和代理费等）确认收入

2. 以下属于有关表明被审计单位在收入确认方面可能存在舞弊风险的迹象的是（   ）。

A. 未经客户同意，在销售合同约定的发货期之前发送商品

B. 在接近期末时发生了大量或大额的交易

C. 在被审计单位业务或其他相关事项未发生重大变化的情况下，询证函回函相符比例明显异于以前年度

D. 交易标的对交易对手而言具有合理用途

3. 针对被审计单位"可能向没有获得赊销授权或超出了其信用额度的客户赊销"，注册会计师做的如下测试程序可能恰当的是（   ）。

A. 询问员工销售单的生成过程

B. 检查是否所有生成的销售单均有对应的客户订购单为依据

C. 检查系统中自动生成销售单的生成逻辑，是否确保满足了客户范围及其信用控制的要求

D. 检查系统内发运凭证的生成逻辑以及发运凭证是否连续编号

4. 针对被审计单位"由于定价或产品摘要不正确，以及销售单或发运凭证或销售发票代码输入错误，可能导致销售价格不正确"，注册会计师做的如下测试程序中可能恰当的是（　　　）。

A. 检查应收账款客户主文档中明细余额汇总金额的调节结果与应收账款总分类账是否核对相符，以及负责该项工作的员工签名

B. 重新执行以确定打印出的更改后价格与授权是否一致

C. 通过检查 IT 的一般控制和收入交易的应用控制，确定正确的定价主文档版本是否已被用来生成发票

D. 如果发票由手工填写，检查发票中价格复核人员的签名。通过核对经授权的价格清单与发票上的价格，重新执行该核对过程

5. 下列针对营业收入审计目标的说法，恰当的是（　　　）。

A. 确定记录的营业收入是否已发生，且与被审计单位有关

B. 确定所有应当记录的营业收入是否均已记录

C. 确定与营业收入有关的金额及其他数据是否已恰当记录，包括对销售退回、销售折扣与折让的处理是否适当

D. 确定与营业收入对应的应收账款的金额是否已恰当记录，是否可收回，坏账准备的计提方法和比例是否恰当，计提是否充分

6. 针对营业收入的实质性分析程序，下面说法恰当的是（　　　）。

A. 本期的主营业务收入与上期的主营业务收入、销售预算或预测数等进行比较，分析主营业务收入及其构成的变动是否异常，并分析异常变动的原因

B. 计算本期重要产品的毛利率，与上期预算或预测数据比较，检查是否存在异常，各期之间是否存在重大波动，查明原因

C. 将实际金额与实际执行的重要性相比较，计算差异

D. 如果差异额超过确定的可接受差异额，调查并获取充分的解释和恰当的、佐证性质的审计证据

7. 下列有关收入确认的说法，恰当的是（　　　）。

A. 采用交款提货销售方式，通常应于货款已收到或取得收取货款的权利，同时已将发票和提货单交给购货单位时确认收入

B. 采用预收账款销售方式，通常应于收到货物的 60% 时确认收入

C. 采用托收承付结算方式，通常应于商品已经发出，劳务已经提供，并已将发票提交银行、办妥收款手续时确认收入

D. 长期工程合同收入，如果合同的结果能够可靠估计，通常应当根据完工百分比法确认合同收入

8. 针对被审计单位不同销售方式下的收入确认，注册会计师重点检查的相关内容恰当的是（　　　）。

A. 针对采用预收账款销售方式，检查被审计单位是否收到货款，商品是否已经发出，

关注是否存在对已收货款并已将商品发出的交易不入账、转为下期收入，或开具虚假出库凭证、虚增收入等现象

B. 针对采用托收承付结算方式，检查被审计单位是否发货，托收手续是否办妥，货物发运凭证是否真实，托收承付结算回单是否正确

C. 针对采用交款提货销售方式，检查被审计单位是否收到货款，发票和提货单是否已交付购货单位。注意有无扣压结算凭证，将当期收入转入下期入账的现象，或者虚记收入、开具假发票、虚列购货单位，虚记当期未实现的收入，在下期予以冲回的现象

D. 针对销售合同或协议明确采用递延方式收取货款，可能实质上具有融资性质的，检查收入的计算、确认方法是否合乎规定，并核对应计收入与实际收入是否一致，注意查明有无随意确认收入、虚增或虚减本期收入的情况

9. 为证实 ABC 工业公司所记录的资产是否均由 ABC 工业公司拥有或控制，记录的负债是否均为 ABC 工业公司应当履行的偿还义务，下列程序无法获取充分、适当的审计依据的是（　　　　）。

A. 检查文件或记录　　　　　　　　B. 检查有形资产

C. 重新执行　　　　　　　　　　　D. 询问

10. 下列关于评价审计证据的充分性和适当性的说法，注册会计师认同的是（　　　　）。

A. 审计工作通常不涉及鉴定文件记录的真伪，注册会计师也不是鉴定文件记录真伪的专家，但应当考虑用作审计证据的信息的可靠性，并考虑与这些信息生成与维护相关的控制的有效性

B. 如果在实施审计程序时使用被审计单位生成的信息，注册会计师应当就这些信息的准确性和完整性获取审计证据

C. 如果从不同来源获取的审计证据或获取的不同性质的审计证据不一致，表明某项审计证据不可靠，注册会计师应当追加必要的审计程序

D. 注册会计师可以考虑获取审计证据的成本与所获取信息的有用性之间的关系，因此可以减少某些不可替代的审计程序

三、判断分析题（判断下列说法是否正确，若正确请在括号内打√，否则打×。如果不正确请说明理由。）

1. 注册会计师了解被审计单位及其环境的作用是将重大错报风险降到可接受的低水平。

（　　　　）

理由：

2. 如果审计证据的质量存在缺陷，注册会计师可以通过获取更多数量的审计证据来弥补。

（　　　　）

理由：

3. 在评价未更正错报的影响时，未更正错报的金额不得超过明显微小错报的临界值。

（　　　　）

理由：

4. 如果认为将审计业务变更为审阅业务具有合理理由，并且截至变更日已执行的审计工作与变更后的审阅业务相关，在出具审阅报告时不提及原审计业务的任何情况。（　　　）
理由：

5. 收费的计算基础和收费安排属于审计业务约定书的基本内容。（　　　）
理由：

6. 注册会计师应当为审计工作制订总体审计策略，在制定总体审计策略时，应当考虑审计的范围和方向，审计资源分配，以及报告目标、时间安排及所需沟通的性质。（　　　）
理由：

7. 注册会计师应该为审计工作制订具体审计计划，具体审计计划的核心是确定审计程序的性质、时间安排和范围。如果对审计计划进行了更新和修改，无须修正相应的审计工作。
（　　　）
理由：

8. 确定特定类别交易、账户余额或披露的重要性水平时，可将与被审计单位所处行业相关的关键性披露作为一项考虑因素。（　　　）
理由：

9. 以前年度审计调整越多，评估的项目总体风险越高，实际执行的重要性越接近财务报表整体的重要性。（　　　）
理由：

10. 注册会计师按照审计准则执行工作的前提是管理层认可并理解其责任。其中，设计、执行和维护必要的内部控制，以使财务报表不存在任何错报是管理层的责任。（　　　）
理由：

四、简答题

1. 简述风险评估的作用。

2. 审计业务约定书发生变更的原因有哪些？其中哪些属于合理理由，哪些属于不合理理由？

3. 注册会计师在函证应收账款时，可能未收到个别债务人对积极式询证函的答复，请回答以下问题：

（1）未得到询证函回函的可能原因有哪些？

（2）若第二次发出询证函仍未得到答复，注册会计师应如何实施进一步审计程序？

4. 甲公司主要从事电子产品的生产和销售。ABC 会计师事务所负责审计甲公司 2015 年度财务报表。审计项目组在审计工作底稿中记录了与存货监盘相关的情况，部分内容摘录如下：

（1）针对甲公司产成品存货存放地分散，审计项目组从甲公司管理层获取了截止到财务报表日有库存余额的存货存放地清单，计划采用非统计抽样方法选取某些地点实施监盘。

（2）在甲公司开始盘点存货前，审计项目组成员发现甲公司仓库有大批受托代存存货。甲公司管理层说明了具体情况，审计项目组成员表示理解，并已经将这些情况记录在审计工作底稿中。

（3）针对转运外销的以标准规格包装箱包装的存货，审计项目组成员根据包装箱的数量及每箱的标准容量确定了存货的数量。

（4）针对因不可预见的情况，审计项目组无法在存货盘点现场实施监盘，拟实施替代审计程序。

（5）在存货监盘结束时，审计项目组成员将除作废的盘点表单以外的所有盘点表单的号码记录于监盘工作底稿。

（6）针对甲公司存货盘点过程中无法停止存货的移动，审计项目组询问管理层得知，甲公司计划在仓库内划分出独立的过渡区域，将预计在盘点期间领用的存货移至过渡区域、对盘点期间办理入库手续的存货暂时存放在过渡区域。

要求：

（1）针对上述（1）～（5）项，逐项指出是否存在不当之处。如果存在，简要说明理由。

（2）针对上述第（6）项，审计项目组在实施存货监盘时应当采用何种措施确认管理层的控制。

五、案例分析

1. 乙公司是 ABC 会计师事务所的常年审计客户。A 注册会计师负责审计乙公司 2017 年度财务报表。

资料 1：A 注册会计师在审计工作底稿中记录了审计计划，部分内容摘录如下：

（1）拟实施的进一步审计程序的范围：金额高于实际执行的重要性的财务报表项目；金额低于实际执行的重要性但存在舞弊风险的财务报表项目。

（2）A 注册会计师和其他项目组成员就乙公司财务报表存在重大错报的可能性等事项进行了讨论。因项目组某关键成员无法参加会议，拟由项目组其他成员选取相关事项向其通报。

（3）2017 年多名供应商起诉乙公司，管理层聘请外部律师担任诉讼代理人。A 注册会计师拟亲自向律师寄发律师询证函，并要求与律师进行直接沟通。

资料 2：A 注册会计师在审计工作底稿中记录了重大事项的处理情况，部分内容摘录如下：

（1）2017 年 10 月，乙公司因环境污染问题向主管部门缴纳罚款 500 万元，管理层在 2017 年度财务报表中将其确认为营业外支出。A 注册会计师检查了处罚文件和付款单据，认可了管理层的处理。

（2）乙公司 2017 年年末营运资金为负数，大额银行借款将于 2018 年年初到期，存在导致对持续经营能力产生重大疑虑的事项。A 注册会计师评估后，认为管理层的应对计划可行，乙公司持续经营能力不存在重大不确定性，无须与治理层沟通。

（3）因乙公司 2017 年年末存在几项诉讼的未来结果具有重大不确定性，A 注册会计师拟在审计报告中增加强调事项段，与治理层就该事项的相关情况进行了沟通。

要求：

（1）针对资料 1 中 A 注册会计师在审计工作底稿中记录的有关审计计划部分的（1）～（3）项，假定不考虑其他条件，逐项指出审计计划的内容是否恰当。如不恰当，简要说明理由。

（2）针对资料 2 中 A 注册会计师在审计工作底稿中记录的有关重大事项部分的第（1）~
（3）项，假定不考虑其他条件，逐项指出 A 注册会计师的做法是否恰当。如不恰当，简要说明理由。

2. ABC 会计师事务所首次接受委托，审计提供快递物流服务的甲上市公司 2017 年度的财务报表，委派 A 注册会计师担任项目合伙人。

A 注册会计师在审计工作底稿中记录了审计计划、实施的进一步审计程序的工作，部分内容如下：

（1）甲公司的个人快递业务交易量巨大，单笔金额较小。因无法通过实施细节测试获取充分、适当的审计证据，也无法有效实施实质性分析程序，A 注册会计师拟在审计该类收入时全部依赖控制测试。

（2）甲公司 2017 年年末应收票据余额重大。A 注册会计师于 2017 年 12 月 31 日检查了这些票据的复印件，并核对了相关信息，结果满意。

（3）A 注册会计师发现甲公司未与部分快递员签订劳动合同且未缴纳社保金。管理层解释是快递员流动频繁所致。A 注册会计师检查了甲公司人事部门的员工入职和离职记录，认为解释合理，未再实施其他审计程序。

（4）A 注册会计师评价认为前任注册会计师具备专业胜任能力，因此，拟通过查阅其审计工作底稿，获取与非流动资产和非流动负债期初余额相关的审计证据。

要求：

针对 A 注册会计师在审计工作底稿中记录的审计计划和实施的进一步审计程序中的（1）~
（4）项，假定不考虑其他条件，逐项指出是否恰当。如不恰当，简要说明理由（见表 1）。

表 1 审计计划和程序是否恰当及理由

事项序号	是否恰当（是/否）	理由
（1）		
（2）		
（3）		
（4）		

第二部分　参考答案及解析

第一套试题参考答案及解析

一、单项选择题

1.【正确答案】A

【答案解析】审计重要性与审计证据之间呈反向关系，即重要性水平越低，审计证据越多；反之，重要性水平越高，审计证据越少。当可接受的重要性水平较高时，允许的错报漏报较高，可以执行较少的审计程序，缩小审计范围，减少审计的工作量，收集较少的审计证据；反之允许的错报较小，要执行较多的审计程序、扩大审计范围，增加审计工作量，收集较多的审计证据。

2.【正确答案】A

【答案解析】在我国，政府审计机构隶属国务院和各级人民政府领导，因此在独立性上体现为单向独立，即仅独立于审计第二关系人（被审计单位）。而注册会计师审计表现为双向独立，既独立于第三关系人（审计委托人），又独立于第二关系人（被审计单位）。

3.【正确答案】D

【答案解析】注册会计师审计经历了四个发展阶段，其中最早的阶段是详细审计阶段。第一阶段：对象是会计账目，目的是查错防弊，方法是对会计账目进行详细审计；第二阶段：对象由会计账目扩大到资产负债表，目的是判断企业信用情况，方法是详细审计初步转向抽样审计，报告使用人除了企业股东还有债权人；第三阶段：对象是以资产负债表和利润表为中心的全部财务报表及相关财务资料，目的是对财务报表发表审计意见，以确定财务报表真实可靠，查错防弊转为次要目的，方法是以控制测试为基础进行抽样审计，报告使用人扩大到股东、债权人、证券交易机构、税务部门、金融机构及潜在投资者；第四阶段，现代阶段，对象与报告使用者基本不变，在目的上，加入了防止舞弊，方法上，抽样审计方法得到普遍运用，风险导向审计得到推广，计算机辅助技术得到广泛利用。

4.【正确答案】D

【答案解析】与各类交易和事项相关的认定包括：

（1）发生。记录的交易和事项已发生，且与被审计单位有关。

（2）完整性。所有应当记录的交易和事项均已记录。

（3）准确性。与交易和事项有关的金额及其他数据已恰当记录。

（4）截止。交易和事项已记录于正确的会计期间。

（5）分类。交易和事项已记录于恰当的账户。

5.【正确答案】A

【答案解析】会计报表层次重要性水平的选取：应当取其最低者作为会计报表层次的重要性水平。

6.【正确答案】C

【答案解析】来自外部的审计证据强于内部的审计证据。

7.【正确答案】D

【答案解析】审查与应收账款相关的销货凭证，是对通过函证而无法证实的应收账款而进行的替代审计程序。选项A，实质性程序必须得做，因此重新测试内部控制达不到效果；选项B，未回函不能证明坏账产生，应实施替代程序；选项C，明细账可靠性较低。

8.【正确答案】D

【答案解析】选项A，权利和义务；选项B，完整性认定；选项C，截止认定。

9.【正确答案】A

【答案解析】审计工作底稿，是指注册会计师对制订的审计计划、实施的审计程序、获取的相关审计证据，以及得出的审计结论做出的记录。审计工作底稿是审计证据的载体，是注册会计师在审计过程中形成的审计工作记录和获取的资料。它形成于审计过程，也反映整个审计过程。

10.【正确答案】C

【答案解析】截止测试的目标是确定业务会计记录归属期是否正确，防止跨期事项。同一业务引起的借贷双方是否在同一会计期间入账。

11.【正确答案】A

【答案解析】无论是国家审计、社会审计，还是内部审计，其基本职能都是经济监督。

12.【正确答案】C

【答案解析】审计按其目的和内容，可分为财务报表审计、经营审计和合规性审计。

13.【正确答案】D

【答案解析】存货监盘的目的之一是验证存货账实是否相符。

14.【正确答案】A

【答案解析】重要事项一般采用积极函证，非重要事项一般采用消极函证。

15.【正确答案】B

【答案解析】会计师事务所应当自审计报告日起，对审计工作底稿至少保存10年。

16.【正确答案】B

【答案解析】审计证据，就是记录被审计单位财政、财务收支及其有关经济活动真相的一切凭证。会计记录中含有的信息本身，不足以构成充分的审计证据。

17.【正确答案】C

【答案解析】审计环境，是指能够影响审计产生、存在和发展的一切外部因素的总和。要求注册会计师充分了解被审计单位及其环境是为了识别和评估财务报表重大错报风险。

18.【正确答案】A

【答案解析】检查账簿与验收单日期是否一致，是为了证实存货在该时点是否真正存在。

19.【正确答案】D

【答案解析】注册会计师在以下情况下可以披露客户的有关信息：（1）取得客户的授权；（2）根据法律要求，为法律诉讼准备文件或提供证据，以及向监管机构报告发现的违反法规行为；（3）接受同业复核以及注册会计师协会和监管机构依法进行的质量检查。

20.【正确答案】D

【答案解析】4 000×10%=400（万元）。

二、多项选择题

1.【正确答案】ABD

【答案解析】选项 C，财务报表审计的总体目标是对财务报表整体是否不存在由于舞弊或错误导致的重大错报获取合理保证，使注册会计师能够对财务报表是否在所有重大方面按照适用的财务报告编制基础编制发表审计意见。

2.【正确答案】BCD

【答案解析】注册会计师在审计业务开始时应当开展的初步业务活动有：（1）针对保持客户关系和具体审计业务实施相应的质量控制程序；（2）评价遵守职业道德规范的情况；（3）就审计业务约定条款达成一致意见。

3.【正确答案】ACD

【答案解析】发表审计意见的基础是获得充分适当的审计证据。

4.【正确答案】ABC

【答案解析】选项 D 错误。如果审计抽样运用于控制测试，测试的总体没有变异性，不需要对总体进行分层；同样，如果采用 PPS 抽样，由于样本是以元为单位，总体没有变异性，也不需要对总体进行分层。

5.【正确答案】ABD

【答案解析】选项 C 不恰当。风险评估程序中的分析程序无法了解审计风险。审计风险是对含有重大不实事项的财务报表产生错误判断的可能性。

6.【正确答案】ABCD

【答案解析】A、B、C、D 四项均为非标准审计报告。

7.【正确答案】ABC

【答案解析】存在性认定是与期末余额有关的认定，而主营业务收入产生于交易和事项。

8.【正确答案】ABC

【答案解析】内部控制五要素包括：控制环境、风险评估、控制活动、信息与沟通和内部监控。

9.【正确答案】ACD

【答案解析】银行对账单来源于银行，属于外部证据。

10.【正确答案】ACD

【答案解析】选项 B 错误。盘点库存现金时，需要会计主管、出纳和审计人员同时在场。

三、判断分析题

1.【正确答案】√
2.【正确答案】×

【答案解析】中国第一家成立的会计师事务所是 1918 年谢霖在北京创办的正则会计师事务所。

3.【正确答案】×

【答案解析】注册会计师可提供鉴证业务和相关服务，相关服务包括代理记账和代理纳税服务。

4.【正确答案】×

【答案解析】财务报表审计是指注册会计师对财务报表是否不存在重大错报提供合理保证，以积极方式提出意见，增强除管理层之外的预期使用者对财务报表信赖的程度。

5.【正确答案】×

【答案解析】审计的基础是独立性和客观性。

6.【正确答案】√

7.【正确答案】×

【答案解析】公允性是指被审计单位的财务报表在所有重大方面公允地反映了被审计单位的财务状况、经营成果及现金流量。

8.【正确答案】√

9.【正确答案】×

【答案解析】如果没有发生销售交易，但在销售日记账中记录了一笔销售，则违反了交易和事项的"发生"认定 。

10.【正确答案】√

四、简答题

1. 抽样风险的概念：根据样本得出的结论，可能不同于对整个总体实施与样本相同的审计程序得出的结论的风险。

抽样风险的影响因素：

（1）抽样风险由抽样引起，与样本规模和抽样方法相关；

（2）样本规模与抽样风险反向变动。

2. 非抽样风险的概念：由于任何与抽样风险无关的原因而得出错误结论的风险。

非抽样风险的影响因素：非抽样风险的影响因素是人为因素，总结如表 1 所示。

表 1　非抽样风险的影响因素

原因	举例
选择的总体不适合于测试目标	存在和完整性的总体不同
未能适当地定义误差	包括偏差和错报
选择了不适于实现特定目标的审计程序	函证不能实现测试未入账应收账款的目标
未能适当地评价审计发现的情况	注册会计师错误解读审计证据可能导致没有发现误差

3. 只有充分且适当的审计证据才是有证明力的。

（1）注册会计师需要获取的审计证据的数量也受审计证据质量的影响。审计证据质量越高，需要的审计证据数量可能越少。也就是说，审计证据的适当性会影响审计证据的充分性。

（2）需要注意的是，如果审计证据的质量存在缺陷，那么注册会计师仅靠获取更多的审计证据可能无法弥补其质量上的缺陷。

（3）同样的，如果注册会计师获取的证据不可靠，那么证据数量再多也难以起到证明作用。

4．事项（1）不恰当。项目质量控制复核人员需要具备质疑项目合伙人所需的适当资历，以便能够切实履行复核职责。

事项（2）不恰当。项目合伙人向项目质量控制复核人员适当咨询，不妨碍项目质量控制复核人员履行职责。

事项（3）不恰当。意见后复核应由其他会计师事务所执行。

事项（4）恰当。

事项（5）不恰当。项目质量控制复核人员还应当考虑项目组成员通过咨询得出的结论。

事项（6）不恰当。还应当记录制定的监控程序，包括选取已完成业务进行检查的程序，对监控程序实施情况的评价。

五、案例分析

1．需要考虑的主要事项如下：

（1）注册会计师专业胜任能力和独立性，如注册会计师是否具备审计化工行业的专业胜任能力、ABC 公司是否存在影响审计项目组成员独立性的情况等。

（2）ABC 公司管理层的诚信，如 ABC 公司管理层以 2016 年经营业绩不佳为由拒绝 DEF 会计师事务所调整建议，并以解聘相威胁使 FZ 会计师事务所需要在接受业务委托前考虑 ABC 公司的诚信。

（3）ABC 公司的声誉和形象，如 ABC 公司的 A 产品安全性引起人们的担忧，且该负面影响持续时间尚不确定对 ABC 公司的声誉和形象产生了一定的影响。

（4）ABC 公司的会计实务，如 ABC 公司是否积极遵守公认的财务报告框架，其财务报表是否合法、公允地反映公司的财务状况和现金流量。

（5）ABC 公司的财务状况，如 ABC 公司是否存在影响持续经营的情况、是否盈利等。

（6）可与前任注册会计师 DEF 会计师事务所讨论如下内容：更换会计师事务所的原因，前任注册会计师与管理层发生冲突的性质，沟通获取前一年度相关审计工作底稿。

2．实际执行的重要性水平 = 800×75% = 600（万元）。

明显微小错报 = 800×5% = 40（万元）。

B 公司为 C 会计师事务所连续审计客户，B 公司属于非上市制造企业，业务风险不高，客户本年业务未发生重大变化，根据以前年度审计经验，已记录或建议的审计调整有限，内部控制未发现重大缺陷，因此我们选择 75% 的比例计算实际执行的重要性水平，选择 5% 的比例计算明显微小错报。

第二套试题参考答案及解析

一、单项选择题

1. 【正确答案】A

【答案解析】审计工作底稿的归档期限为审计报告日后的 60 天内。

2. 【正确答案】D

【答案解析】选项 D 为实质性程序。

3. 【正确答案】B

【答案解析】根据认定、具体审计目标与审计程序三者之间的逻辑关系，注册会计师为了测试资产类报表项目"存在"认定，应当选择"逆查"（细节测试方向）。选项 B 是从某类资产账面记录追查到支持性凭证（逆查），故恰当。选项 D 表面是"逆查"，但是从财务报表中不能查到未记录的项目，故选项 D 不恰当。

4. 【正确答案】A

【答案解析】选项 B，小幅度上升不能表明存在业绩夸大风险；选项 C 会导致收入下降；选项 D 可能会使存货增加，但不能表明经营业绩被夸大。

5. 【正确答案】A

【答案解析】注册会计师审计方法的调整，主要是随着审计环境的变化而变化的。

6. 【正确答案】C

【答案解析】选项 A，取决于销售价格的变动；选项 B，毛利率不变；选项 D，毛利率不变。

7. 【正确答案】B

【答案解析】我国第一家社会审计组织的创办人是谢霖。

8. 【正确答案】A

【答案解析】审计机关自收到审计报告之日起将审计意见书和审计决定送达被审计单位和有关单位的期限是 30 天。

9. 【正确答案】A

【答案解析】存货周转率的变动往往意味着存货成本项目发生变动，存货核算方法发生变动，销售额发生大幅度变动。所以，通过分析存货周转率最有可能证实的是估价或分摊认定。

10. 【正确答案】C

【答案解析】审计证据按照证明由强到弱，分为亲历证据、外部证据和内部证据。

11. 【正确答案】D

【答案解析】在使用编号选样时，当确定一个号码后，以后各个样本号码也就随之全部确定。

12.【正确答案】A

【答案解析】风险控制是指风险管理者采取各种措施和方法，消灭或减少风险事件发生的各种可能性，或风险控制者减少风险事件发生时造成的损失。总会有些事情是不能控制的，风险总是存在的，因此控制风险始终大于零。

13.【正确答案】C

【答案解析】会计报表的合法性就是被审计单位会计报表的编报符合《企业会计准则》及国家其他财务会计法规的规定。

14.【正确答案】A

【答案解析】选项 A 为外部证据。

15.【正确答案】B

【答案解析】审计准则规定会计师事务所的主任会计师对质量控制制度承担最终责任。

16.【正确答案】D

【答案解析】在审查存货的存在性时，存货监盘是不可替代的审计程序。

17.【正确答案】C

【答案解析】选项 B，列报披露；选项 C，计价与分摊；选项 D，发生认定。

18.【正确答案】B

【答案解析】职责分离是企业各业务部门及业务操作人员之间责任和权限的相互分离机制。基本要求是，业务活动的核准、记录、经办及财物的保管应当尽可能做到相互独立，分别由专人负责。因此，负责现金日记账的人员不能同时负责保管现金。

19.【正确答案】B

【答案解析】不定期审计是审计机构根据特殊情况、特定任务和特殊要求，随时安排的对被审计单位或事项所进行的审计。如对经济犯罪案件、经济合同纠纷、会计人员投诉等的审计。

20.【正确答案】B

【答案解析】口头答复形成的书面证据依然属于口头证据。

二、多项选择题

1.【正确答案】BC

【答案解析】选项 A，只能获得合理保证。选项 D，控制测试旨在评价内部控制在防止或发现并纠正认定层次重大错报方面的运行有效性。

2.【正确答案】ABCD

【答案解析】控制活动是指有助于确保管理层的指令得以执行的政策和程序，包括与授权、业绩评价、信息处理、实物控制和职责分离等相关的活动。

3.【正确答案】ABC

【答案解析】常用基准包括净利润、资产总额、净资产、营业收入。

4.【正确答案】ABD

【答案解析】选项 C 为注册会计师的责任。

5.【正确答案】ABC

【答案解析】选项 A 属于注册会计师对客户的责任；选项 B、C 属于注册会计师对同行的责任；只有选项 D 属于注册会计师的"其他责任"。

6.【正确答案】BCD

【答案解析】审计证据的相关性主要是指证据与审计目标相关。审计证据的相关性具有以下内涵：特定的审计程序可能只为某些认定提供相关的审计证据，而与其他认定无关；针对同一项认定可以从不同来源获取审计证据或获取不同性质的审计证据；只与特定认定相关的审计证据并不能替代与其他认定相关的审计证据。认定、审计程序和审计证据之间并非一一对应的关系。

7.【正确答案】ABC

【答案解析】相对来说，积极式函证的成本可能略高。

8.【正确答案】ABD

【答案解析】如果存在下述情况，注册会计师通常应当对应付账款进行函证：（1）重大错报风险较高；（2）应付账款金额较大。选项 B 和选项 D 属于重大风险较高。

9.【正确答案】BCD

【答案解析】内部控制的目标包括：（1）建立和完善符合现代管理要求的内部组织结构，形成科学的决策机制、执行机制和监督机制，确保单位经营管理目标的实现。（2）建立行之有效的风险控制系统，强化风险管理，确保单位各项业务活动的健康运行。（3）堵塞、消除隐患，防止并及时发现和纠正各种欺诈、舞弊行为，保护单位财产的安全完整。（4）规范单位会计行为，保证会计资料真实、完整，提高会计信息质量。（5）确保国家有关法律法规和单位内部规章制度的贯彻执行。

10.【正确答案】ABD

【答案解析】业务约定书的基本内容：（1）签约双方的名称；（2）委托目的；（3）审计范围；（4）会计责任和审计责任；（5）签约双方的义务；（6）出具审计报告的时间要求；（7）审计收费；（8）审计报告的使用责任；（9）审计业务约定书的有效期限；（10）违约责任；（11）签约双方认为应约定的其他事项；（12）签约时间。

三、判断分析题

1.【正确答案】×

【答案解析】所需的证据数量取决于风险水平和企业规模等因素，审计业务所需的证据数量可能会多于审阅业务。

2.【正确答案】×

【答案解析】财政部是注册会计师行业的主管部门。

3.【正确答案】√

4.【正确答案】×

【答案解析】财务报表审计不可以减轻管理层或治理层的相关责任。

5.【正确答案】×

【答案解析】财务报表的预期使用者主要包括与企业存在利益关系的利益相关方，也包括政府部门。

6.【正确答案】√

7.【正确答案】√

8.【正确答案】×

【答案解析】注册会计师受到外界压力的威胁而影响其独立性。

9.【正确答案】×

【答案解析】或有收费是指审计收费高低根据审计结论来确定。因此，这种情况不属于或有收费。

10.【正确答案】×

【答案解析】如果该成员不对鉴证业务产生直接重大影响，那么注册会计师可以执行该客户的审计业务。

四、简答题

1. 与各类交易和事项相关的认定：发生、完整性、准确性、截止、分类。

与期末账户余额相关的认定：存在、权利和义务、完整性、计价和分摊。

与列报和披露相关的认定：发生以及权利和义务、完整性、分类和可理解性、准确性和计价。

2. 内部控制无论如何有效，都只能为被审计单位实现财务报告目标提供合理保证。

（1）内部控制实现目标的可能性受其固有限制的影响。这些限制包括：决策时人为判断可能出现错误和因人为失误而导致内部控制失效。例如，控制的设计和修改可能存在失误。同样的，控制的运行可能无效。例如，由于负责复核信息的人员不了解复核的目的或没有采取适当的措施，内部控制生成的信息（如例外报告）没有得到有效使用。

（2）控制可能由于两个或更多的人员串通或管理层不当地凌驾于内部控制之上而被规避。例如，管理层可能与客户签订"背后协议"，修改标准的销售合同条款和条件，从而导致不适当的收入确认。再例如，软件中的编辑控制旨在识别和报告超过赊销信用额度的交易，但这一控制可能被凌驾或不能得到执行。

（3）人员素质不适应岗位。如果被审计单位内部行使控制职能的人员素质不适应岗位要求，也会影响内部控制功能的正常发挥。

（4）成本效益考虑。被审计单位实施内部控制的成本效益问题也会影响其效能，当实施某项控制成本大于控制效果而发生损失时，就没有必要设置该控制环节或控制措施。

（5）不经常发生或未预计到的业务。内部控制一般都是针对经常而重复发生的业务设置的，如果出现不经常发生或未预计到的业务，原有控制可能就不适用。

3. 初步业务活动的目的：（1）具备执行业务所需的独立性和能力；（2）不存在因管理层诚信问题而可能影响注册会计师保持该业务的意愿的事项；（3）与被审计单位不存在对业务

约定书的误解。

初步业务活动的内容：（1）针对保持客户关系和具体审计业务实施相应的质量控制程序；（2）评价遵守相关职业道德要求的情况；（3）就审计业务约定条款与被审计单位达成一致意见。

4.（1）不符合。甲、乙银行存在利益冲突，ABC会计师事务所应告知冲突双方，在取得双方同意后接受甲银行的审计委托。

（2）不符合。借款未按正常的条件批准且金额重大，没有防范措施能消除不利影响或将其对独立性的不利影响降低到可接受水平。

（3）不符合。ABC会计师事务所与银行之间存在密切的商业关系。会计师事务所不得介入此类商业关系，会计师事务所不得支付介绍费或佣金。

（4）不符合。D注册会计师已连续担任关键审计合伙人5年，处于两年的冷却期内，2015年不应参与甲银行审计业务，也不得参与项目质量控制复核。

（5）不符合。银行属于公众利益实体。ABC会计师事务所连续两年从甲银行及其关联实体收取的费用占其全部收入的比重超过15%，应向甲银行总行治理层披露这一事实并采取适当防范措施。

（6）符合。会计师事务所人员不得在为审计客户提供税务服务时担任辩护人。在公开审理或仲裁期间，会计师事务所可以继续为审计客户提供有关法庭裁决事项的咨询。例如，协助客户对具体问题做出回复，提供背景材料或证词，或分析税收问题。

五、案例分析

1.（1）科目的变动金额及变动比率如表1所示。

表1 科目的变动金额及变动比率

会计报表项目	2015年 已审数/万元	2016年 未审数/万元	变动金额/%	百分比/%
营业收入	38 000	30 000	-8 000	-21
营业成本	28 000	23 000	-5 000	-18
销售费用	7 500	6 500	-1 000	-13
财务费用	5 000	2 000	-3 000	-60
存货	23 000	29 000	6 000	26
应收账款	35 000	28 000	-7 000	-20
货币资金	70 000	60 000	-10 000	-14
固定资产	45 000	45 800	800	2
在建工程	1 300	1 000	-300	-23
短期借款	30 000	15 000	-15 000	-50

（2）分析每个科目的变动原因。

①营业收入：2016年营业收入较2015年减少8 000万元，主要是由于国际油价下跌，公

司石油钻采产品的需求量受到冲击，主营业务收入大幅下降。这一整体情况与我们的预期一致。收入截止和发生等认定可能存在潜在风险，需采取进一步审计程序予以关注。

② 营业成本：营业成本随营业收入的减少而下降。由于产品结构相似，毛利率基本维持稳定，因此营业成本的变化趋势与营业收入基本一致。且营业收入和营业成本的变动主要是由主营业务收入和主营业务成本的变化引起的。这一趋势符合我们的预期，未见重大异常。

③ 销售费用：2016 年销售费用较 2015 年减少 1 000 万元。营业费用主要为运费、促销费、工资及差旅费。受主营业务收入下降的影响，运费也随之大幅下降，导致营业费用有所减少，未见重大异常。

④ 财务费用：2016 年财务费用较 2015 年减少 3 000 万元，主要是由于本期 B 公司归还了到期的短期借款，财务费用随着短期借款的减少而下降，且未有大额新增的短期借款，与预期相符，未见重大异常。

⑤ 存货：2016 年较 2015 年存货增加 6 000 万元，主要是由于受外部石油行业下行影响，销售减少使本期 B 公司存货开始出现积压，存货有所增加，未见重大异常。同时由于行业环境不景气，油气行业受到了一定的冲击，存货开始出现积压现象，需关注存货可能存在减值风险。

⑥ 应收账款：2016 年应收账款较 2015 年下降 7 000 万元。应收账款余额下降主要是由于受油气行业下行影响，全球原油价格自 2015 年 7 月开始大幅下挫，跌幅超过 60%，因此应收账款余额随收入下降而有所减少，未见重大异常。

⑦ 货币资金：2016 年货币资金较 2015 年下降 1 亿元，主要是由于 B 公司经营受到油气行业的不景气冲击后，在销售收入的减少使 B 公司经营性现金流入减少的情况下，依然要保持一定的经营性支出。同时，公司在未有大额新增的短期借款的情况下，偿还了到期的短期借款，综合造成了货币资金的大幅下降，未见重大异常。

⑧ 在建工程、固定资产：在建工程竣工转为固定资产造成 2016 年在建工程余额下降。固定资产增加除在建工程完工转入外，还有部分按年度预算的购置增加。这一趋势符合我们的预期，未见重大异常。

⑨ 短期借款：2016 年短期借款较 2015 年减少 1.5 亿元主要是由于 B 公司归还了到期的短期借款，且未有大额新增的短期借款，综合造成了短期借款余额的下降。这一趋势符合我们的预期，未见重大异常。

2. （1）违反。未经客户的许可，审计项目组成员不得将客户的信息泄漏给他人。

（2）违反。除非法律、法规允许或法院指定，会计师事务所不得实行或有收费。收费多少不得以鉴证工作结果或实现特定目的为条件。

（3）违反。接受甲公司赠予的西湖龙井茶叶礼盒属于接受客户礼品。项目组成员不应当接受审计客户赠与的礼品。

（4）违反。项目组签字注册会计师的近亲属担任客户的董事及高级管理人员，将因自身利益、密切关系和外在压力对职业道德产生不利影响。

（5）违反。在会计师事务所审计人员不具备建筑行业会计与审计方面专业胜任能力的情况下，不能承接甲公司的年报审计业务。

第三套试题参考答案及解析

一、单项选择题

1.【正确答案】B
【答案解析】独立审计是按照独立审计准则计划和实施的。

2.【正确答案】A
【答案解析】与存在或发生认定相对应的一般审计目标是真实性。

3.【正确答案】B
【答案解析】选项 A、C、D 可能导致审计独立性丧失。

4.【正确答案】B
【答案解析】授权批准控制是在职务分工控制的基础上，由企业权力机构或上级管理者明确规定有关业务经办人员的职责范围和业务处理权限与责任，使所有的业务经办人员在办理每项经济业务时都能事先得到适当的授权，并在授权范围内办理有关经济业务，承担相应的经济责任和法律责任。因此，选项 B 正确。

5.【正确答案】B
【答案解析】控制风险评价太低，从而可接受的检查风险过高，没有执行足够的实质性测试，获取足够的审计证据，导致审计无效果。

6.【正确答案】A
【答案解析】风险高，说明会计数据出现错弊的可能性大，则需要较多的审计证据来降低检查风险。

7.【正确答案】B
【答案解析】永久性档案是指内容相对比较稳定，具有长期使用价值，并对以后审计工作具有重要影响和直接作用的审计档案。例如，被审计单位的组织结构、章程、营业执照、关联方资料、审计业务约定书等。

8.【正确答案】D
【答案解析】只要被审计单位已签发了支票，必然会有支票存根，所以，注册会计师根据连续编号的支票存根追查银行存款日记账，这是最有效的方法。而 A、B、C 三种方法，如果持票人尚未到银行办理转账手续，则无法查出未入账的已签发支票。

9.【正确答案】B
【答案解析】注册会计师了解被审计单位及其环境贯穿于审计的全过程。

10.【正确答案】A
【答案解析】选项 C、D 为控制测试，选项 B 与应付债券无关。

11.【正确答案】D

【答案解析】一般来说，薄弱的控制环境可能会影响多项认定，往往难以限于某类交易、账户余额、列报，所以此时会认为财务报表层次重大错报风险较高。

12.【正确答案】D

【答案解析】D中所列人员均是被审计单位与库存现金直接相关的人员。

13.【正确答案】C

【答案解析】选项A主要是与存在和完整性相关；选项B一般与销售的发生、完整性均无关；选项D实地观察主要是与存在相关。

14.【正确答案】C

【答案解析】A，发生认定；B，权利与义务；D，发生认定。

15.【正确答案】D

【答案解析】选项D一般属于永久性档案。

16.【正确答案】C

【答案解析】实物证据通常证明实物资产是否存在。

17.【正确答案】A

【答案解析】在申请复审期间，原审计结论和决定可以照常进行。

18.【正确答案】A

【答案解析】本题考查对主营业务收入的"发生"认定的审计程序。抽取本期一定数量的记账凭证，检查入账日期、品名、数量、单价、金额等是否与销售发票、发运凭证、销售合同或协议等一致。

19.【正确答案】D

【答案解析】证实银行存款的存在认定，必须函证银行存款。

20.【正确答案】D

【答案解析】专利技术摊销期限不能超过收益期。

二、多项选择题

1.【正确答案】ABD

【答案解析】选项C，未担任与财务有关的重要职位。

2.【正确答案】ABD

【答案解析】A、B、D均为具体审计计划的内容。

3.【正确答案】BCD

【答案解析】助理人员是最基层的审计人员，是被复核的对象。

4.【正确答案】ACD

【答案解析】A直接违反了注册会计师的"其他责任"；C相当于承接了自身不能胜任的业务；D直接违反了注册会计师对委托单位的责任；B的做法虽然"谨慎过度"，但事实上，可以个人名义承接会计服务业务，这样做并不违反任何职业道德的规定。

5.【正确答案】ACD

【答案解析】当过失给他人造成损失时注册会计师才负过失责任。

6.【正确答案】ACD

【答案解析】某些重大错报风险可能与特定的各类交易、账户余额、列报的认定相关，但是财务报表层次的重大错报风险影响整体，很难直接界定具体认定。

7.【正确答案】ABC

【答案解析】本题考查重点是对"生产与存货业务循环内部控制测评程序"的掌握。生产与存货业务循环内部控制测评程序有：① 调查了解生产与存货内部控制。② 检查不相容职责的分离。③ 抽查部分存货入库、出库业务，追踪其业务处理。如入库单有无销售部门主管批准的签字，领料凭证上反映的手续是否齐备，相应记录是否完整正确等，评价信息与沟通系统的有效性。④ 抽查盘点记录。审计人员应抽查若干月份的盘点记录，审查盘点的范围、组织方式、盘点结果与账面金额是否一致，盘点是否由企业内部审计人员或仓库保管员以外的人员监督执行。⑤ 产品生产、成本管理制度执行情况的审查。⑥ 对成本核算和会计入账环节的审查。⑦ 评价生产与存货业务内部控制。本题选项 D 与生产与存货循环审计的审计目标不符。因此，本题的正确答案为 ABC。

8.【正确答案】ACD

【答案解析】财经法纪审计主要是审查单位在运营过程中，各项经济业务中有无违反财经法纪的现象，如贪污受贿、挪用公款，或者财经法纪的执行上有无差错等。而财务审计主要是审计资产的保值增值情况，有无人为流失、损坏或不当经营造成的财产贬值。

9.【正确答案】ABC

【答案解析】传统审计的审计结果以及决定有法律效力，被审计单位必须执行；而经济效益审计虽具有一定的约束力，但不具有法律效力，被审计单位可以不执行有关建议。

10.【正确答案】BCD

【答案解析】内部审计独立性是指内部审计机构和人员在进行内部审计活动中，不存在影响内部审计客观性的利益冲突的状态。

三、判断分析题

1.【正确答案】×

【答案解析】计价与分摊是账户余额相关的认定之一。

2.【正确答案】√

3.【正确答案】√

4.【正确答案】×

【答案解析】职业怀疑，是指注册会计师执行审计业务的一种态度，包括采取质疑的思维方式，对可能表明由于错误或舞弊导致错报的情况保持警觉，以及对审计证据进行审慎评价，能够有效地发现审计问题，避免审计失败。

5.【正确答案】×

【答案解析】审计风险可以分为重大错报风险和检查风险。

6.【正确答案】×

【答案解析】控制风险取决于与财务报表有关的内部控制设计和运行的有效性。

7.【正确答案】√

8.【正确答案】√

9.【正确答案】×

【答案解析】风险导向审计从评价行业和经营风险入手，从经营风险中判断财务报表可能存在的重大错报，然后设计并执行有针对性的控制测试和实质性程序，最后合理保证发现重大的错报和漏报。因此，风险导向审计要对内部控制系统进行评价和测试。

10.【正确答案】×

【答案解析】在审查某个项目时，通过调整有关数据，从而求得需要证实的数据的方法是调节法。当现有的数据和需要证实的数据表面上不一致，为了证实数据的真实性时采用，一般要编制调节表。

四、简答题

1. 控制测试与实质性程序的区别：

（1）控制测试指的是测试控制运行的有效性，主要针对被审计单位的内部控制制度。

（2）实质性程序是指注册会计师针对评估的重大错报风险实施的直接用以发现认定层次重大错报的审计程序。实质性程序包括对各类交易、账户余额、列报的细节测试以及实质性分析程序。

具体区别如表 1 所示。

表 1　具体区别

区别	控制测试	实质性程序
测试对象	内部控制	会计数据（余额、交易等）
测试目的	评价内部控制在防止或发现并纠正认定层次重大错报方面的运行有效性	发现认定层次重大错报
程序性质	询问、观察、检查、重新执行	询问、观察、检查、监盘、函证、计算等
测试时间	期中、期末	期末为主
实施要求	一般情况下选择进行	必须进行
证据类别	间接证据	直接证据
程序种类	—	细节测试和实质性分析程序
计量性质	偏差率	错报金额
测试风险	控制风险	检查风险
抽样类型	属性抽样	变量抽样、PPS 抽样
抽样风险	信赖过度风险、信赖不足风险	误受风险、误拒风险

2. 审计风险模型：审计风险=重大错报风险×检查风险

重大错报风险是指财务报表在审计前存在重大错报的可能性，与被审计单位风险有关，独立于财务报表审计。重大错报风险又分为财务报表层次与认定层次。认定层次又分为固有风险和控制风险。固有风险是在考虑相关控制之前，某一认定发生错报的可能性。控制风险取决于财务报表编制有关的内部控制的设计和运行的有效性。由于控制的固有局限性，某种程度的控制风险始终存在。检查风险是指如果存在某一错报，该错报单独或者连同其他错报可能是重大的，注册会计师为将审计风险降低至可接受的低水平而实施程序后没有发现这种错报的风险。由于注册会计师通常并不对所有的认定进行检查，以及其他原因，所以检查风险不可能降低为零。

3.（1）财务报表要素（如资产、负债、所有者权益、收入和费用）。

（2）是否存在特定会计主体的财务报表使用者特别关注的项目（如为了评价财务业绩，使用者可能更关注利润、收入或净资产）。

（3）被审计单位的性质、所处的生命周期阶段以及所处行业和经济环境。

（4）被审计单位的所有权结构和融资方式（例如，如果被审计单位仅通过债务而非权益进行融资，财务报表使用者可能更关注资产及资产的索偿权，而非被审计单位的收益）。

（5）基准的相对波动性。

4. 针对要求（1），逐项指出审计项目组的做法是否恰当：

（1）不恰当。审计准则并不要求注册会计师对被审计单位所有银行存款、借款及与金融机构往来的其他重要信息实施函证程序。如果注册会计师有充分证据表明某一银行存款、借款及与金融机构往来的其他重要信息对财务报表不重要且与之相关的重大错报风险很低，可以不实施函证。

（2）不恰当。针对甲公司可能存在未入账应付账款，审计项目组从甲公司供货商明细表中选取函证对象更加适合。审计项目组从应付账款明细表中选择询证对象可能不能发现未入账的负债。

（3）不恰当。针对重大关联方交易合同，审计项目组仅仅对应收账款交易金额进行函证不适当，双方可能存在串通，还应当考虑对交易或合同的条款实施函证，以确定是否存在重大口头协议，客户是否有自由退货的权利，付款方式是否有特殊安排等。

（4）恰当。审计项目组针对银行函证结果与甲公司银行账面记录不一致的舞弊迹象，采取了诸如从金融机构获得甲公司的信用记录，查看是否加盖该金融机构公章，并与甲公司会计记录相核对，以证实是否存在甲公司没有记录的贷款、担保、开立银行承兑汇票、信用证、保函等审计程序，消除了银行询证函回函表明可能存在舞弊迹象的疑虑。

（5）恰当。注册会计师通过邮寄方式发出询证函时应当采取恰当的控制措施，比如，在邮寄询证函时，核实由甲公司提供的被询证者的联系方式后，不使用甲公司本身的邮寄设施，而是独立寄发询证函。

针对要求（2），对于通过电子形式获取的回函，审计项目组应当实施的审计程序包括：

① 多种确认发件人身份的技术。电子函证程序涉及多种确认发件人身份的技术，如加密技术、电子数码签名技术、网页真实性认证程序。

② 与被询证者联系以核实回函的来源及内容。例如，当被询证者通过电子邮件回函时，注册会计师可以通过电话联系被询证者，确定被询证者是否发送了回函。必要时，注册会计师可以要求被询证者提供回函原件。

五、案例分析

1.（1）库存现金科目的重大错报风险。

作为高铁制造企业，B 公司规模较大，销售涉及海内外。公司的库存现金主要用于现金支付的日常交易的备用金，公司库存现金限额的管理制度要求超过库存限额的现金及时存入银行，因此 B 公司库存现金金额有限。且根据以前年度审计经验，库存现金未有重大调整项目。另外，以前年度该公司内部控制制度较为完善，未发现库存现金内部控制重大缺陷。审计组根据以前年度的审计情况和 2017 年对 B 公司的初步了解情况，认为本期库存现金重大错报风险较低。但仍需关注本期现金业务中的舞弊行为和内部控制制度中是否存在重大变化等情况。拟实施库存现金监盘程序。

（2）银行存款科目的重大错报风险。

作为高铁制造企业，B 公司规模较大，销售涉及海内外，因此 B 公司现金流量较大，银行存款人民币和外币账户开设较多。根据以前年度审计经验，B 公司货币资金内部控制制度较为完善，以前年度未发现重大内控缺陷。但银行存款项目的未达账项以前年度调整金额重大。审计组根据以前年度的审计情况和 2017 年对 B 公司初步了解的情况，认为本期银行存款重大错报风险较高。需重点关注银行未达账项，尤其是长期未达账项。通过银行存款函证程序，对比分析银行回函余额和账面余额，以发现可能存在的错报。对于处理不正确的未达账项要提请被审计单位进行调整。同时，本期仍需关注银行存款内部控制制度中是否存在重大变化等方面的情况。

2.（1）XT 电气舞弊的成因：

① 压力。

上市的利益驱动。受到《首次公开发行股票并上市管理办法》的约束，想要快速解决首次公开发行股票中应收账款余额过大和持续盈利能力不足等问题，XT 电气先是更换了保荐机构，再是实际控制人温×同意了总会计师的建议，进行了财务造假以达到成功上市的目的。

避免退市的压力。上市之后因为害怕经营业绩不佳而引发退市，成为 XT 电气继续造假的动力来源。退市不仅会影响公司的融资渠道，还会危害温×等人的利益。因此，上市后营业收入和净利润均开始下滑的 XT 电气只能继续采用造假舞弊手段来粉饰太平。

② 机会。

股权集中给 XT 电气造假创造机会。温×作为 XT 电气董事长和公司实际控制人，掌握公司的命脉，而中小股东持股较为分散，很难对公司实际控制人形成制衡，其他股东不能有效决定公司的经营决策。

中介机构未能勤勉尽责。在 XT 电气舞弊案例中，XH 会计师事务所在对 XT 电气货币资金进行审计时，未对丹东市商业银行账户发出询证函，也未在审计工作底稿中说明原因。

③ 借口。

XT 电气董事长温×在证监会给予强制退市的处罚后，申请了行政复议，他认为自己的造假行为并不构成欺诈发行，所以"罪不至死"，不应退市。他认为"我连营业收入都没有造假，只是在流水上造了点假"。这样的说辞也仅是实际控制人温×"合理化"其财务造假的借口而已。

（2）根据《中国注册会计师审计准则第 1312 号——函证》规定，注册会计师应当对银行存款（包括零余额账户和在本期内注销的账户）、借款及与金融机构往来的其他重要信息实施函证程序，除非有充分证据表明某一银行存款、借款及与金融机构往来的其他重要信息对财务报表不重要且与之相关的重大错报风险很低；如果不对这些项目实施函证程序，注册会计师应当在审计工作底稿中说明理由。因此，在 XT 电气的案例中，注册会计师在没有充分证据表明丹东市商业银行账户的银行存款对财务报表不重要且与之相关的重大错报风险很低的情况下，应当对丹东市商业银行账户实施函证程序。

第四套试题参考答案及解析

一、单项选择题

1.【正确答案】A

【答案解析】新会计制度规定，企业由于非日常活动产生的经济利益的流入，应作为"利得"处理。"利得"包括"资本公积"和"营业外收入"，而债务重组收益、非货币性资产交换收益等，在新会计制度下都记入"营业外收入"。

2.【正确答案】B

【答案解析】"存在或发生"认定和"完整性"认定分别与财务报表要素的高估和低估有关。存在或发生认定是高估，完整性认定是低估。

3.【正确答案】A

【答案解析】抽样间隔为 10，第一个样本是 027，第二个样本是 037，第三个样本是 047，第四个样本是 057。

4.【正确答案】C

【答案解析】报废固定资产常伴有较大金额的损失，折旧费可能计提不足。

5.【正确答案】D

【答案解析】复印件不可代替原件，选项 D 错误。

6.【正确答案】B

【答案解析】道德准则不属于注册会计师执业准则。

7.【正确答案】D

【答案解析】完整性强调对事项是否漏记，准确性强调记录的交易或其他数据金额是否正确。漏记运杂费违反了完整性，如强调记错材料成本，则违反了准确性。

8.【正确答案】D

【答案解析】选项 A，完整性；选项 B，违反权利和义务认定；选项 C，违反分类认定。

9.【正确答案】A

【答案解析】财务报表层次的重要性水平应为较低的金额。

10.【正确答案】D

【答案解析】注册会计师就是为了恰当地识别出财务报表重大错报才去了解被审计单位及其环境。

11.【正确答案】D

【答案解析】对某一个具体项目或事项而言，其识别特征通常具有唯一性，这种特性可以使其他人员根据识别特征在总体中识别该项目或事项并重新执行该测试。

12.【正确答案】D

【答案解析】当注意到内部控制的重大缺陷时，应向管理当局报告，必要时，可出具管理建议书。

13.【正确答案】D

【答案解析】重要性水平与所需证据数量及评估的重大错报风险之间均呈反向变动关系；可接受的审计风险水平是先于重要性水平确定的，重要性水平是根据财务报表使用者的需求确定的，两者之间没有直接关系。根据可接受检查风险=审计风险/重大错报风险，可知 D 成立。

14.【正确答案】C

【答案解析】"发生"认定关心已入账的销售交易是否应当入账，"完整性"关心的是应入账的销售交易是否均已入账，A、B 都未涉及"账"。C、D 都涉及"账"。在 C、D 之中，D 实际上属于证实"准确性"认定的程序，C 与金额无关，在证实"发生"认定或"完整性"认定方面更加纯粹。

15.【正确答案】C

【答案解析】安保人员检查运出商品的车辆是否有相关证明，目的是防止商品在未经批准的情况下发出。

16.【正确答案】D

【答案解析】记账就是以发票等原始凭证为依据的记录，故审查未列报或未入账就应该从原始凭证查起。

17.【正确答案】C

【答案解析】主营业务收入截止测试是为了证实资产负债表日会计记录归属期是否正确，即应计入本期或下期的主营业务收入是否被推延至下期或提前至本期。

18.【正确答案】D

【答案解析】注册会计师应选择以下项目作为函证对象：大额或账龄较长的项目；与债务人发生纠纷的项目；关联方项目；主要客户项目；交易频繁但期末余额较小甚至余额为零的项目；可能产生重大错报或舞弊的非正常的项目。

19.【正确答案】A

【答案解析】违反完整性认定指应该入账的未入账，导致低估。

20.【正确答案】A

【答案解析】在了解被审计单位控制环境时，无须运用分析程序。

二、多项选择题

1.【正确答案】AB

【答案解析】选项 C、D 不构成充分证据。

2.【正确答案】BCD

【答案解析】证明的是银行存款余额是否正确。

3.【正确答案】ABCD

【答案解析】以上四项均正确。

4.【正确答案】ABD

【答案解析】或有负债是指公司可能发生的债务，包括售出产品可能发生的质量事故赔偿、尚未解决的税额争议可能出现的不利后果以及诉讼案件和经济纠纷可能败诉并需赔偿。选项 C 为企业承担的现实义务，为企业应该确认的负债。

5.【正确答案】ACD

【答案解析】经济效益审计的结论不具有法律效力。

6.【正确答案】ABC

【答案解析】管理审计的内容一般包括：（1）对企业战略的审查；（2）对企业组织结构的审查；（3）对企业计划的审查；（4）对企业内部控制的审查。

7.【正确答案】ABCD

【答案解析】企业采购业务不相容的岗位有：（1）请购人和审批人的岗位；（2）咨询价格和确认供应商的岗位；（3）采购合同和价格确定及审核合同的职位；（4）采购、验收及相关的会计记录的职位；（5）付款的申请、审批及执行的职位。

8.【正确答案】BD

【答案解析】维护独立性的具体防范措施主要包括：（1）安排鉴证小组以外的注册会计师进行复核；（2）定期轮换项目负责人及签字注册会计师；（3）与鉴证客户的审计委员会或监事会讨论独立性问题；（4）向鉴证客户的审计委员会或监事会告知服务性质和收费范围；（5）制定确保鉴证小组成员不代替鉴证客户行使管理决策或承担相应责任的政策和程序；（6）将独立性受到威胁的鉴证小组成员调离鉴证小组。

9.【正确答案】BC

【答案解析】注册会计师不能承接自己不能胜任的业务，不仅要具有专业知识、技能和经验，而且应经济、有效地完成业务。

10.【正确答案】ACD

【答案解析】存货周转（次数）=营业收入/存货平均余额。因此，销售费用并不影响存货周转率的变化。存货周转率波动可能意味着产品滞销，也可能是收入确认不及时，或存货没有通过正规程序出库。

三、判断分析题

1.【正确答案】×

【答案解析】由于审计的限制，审计风险可以进行控制，但不能降为零。

2.【正确答案】×

【答案解析】审计过程中的成本效益问题，不能成为注册会计师省略必要审计程序的理由。

3.【正确答案】√

4.【正确答案】√

5.【正确答案】×

【答案解析】审计业务约定书是会计师事务所与被审计单位签订的。

6.【正确答案】√

7.【正确答案】√

8.【正确答案】√

9.【正确答案】×

【答案解析】非抽样风险不是因为审计人员采用抽样方法而产生的。

10.【正确答案】×

【答案解析】5%是抽样风险，是确定样本规模的因素之一，即预计差错率、可容忍误差、可接受抽样风险、总体变异性和总体规模是影响样本规模的因素。可信赖程度是指样本性质能够代表总体性质的可靠性程度，注册会计师认为抽样结果有 95%的可信赖程度，说明有 5%的抽样风险。可信赖程度与可容忍误差没有必然联系。

四、简答题

1.（1）注册会计师已经实施了必要的审计程序，取得了充分、适当的审计证据并得出了恰当的审计结论，但审计工作底稿的记录不够充分。

（2）审计报告日后，发现例外情况要求注册会计师实施新的或追加审计程序，或导致注册会计师得出新的结论。例外情况主要是指审计报告日后发现与已审计财务信息相关，且在审计报告日已经存在的事实。

2.（1）错报的概念：错报，是指某一财务报表项目的金额、分类、列报或披露，与按照适用的财务报告编制基础应当列示的金额、分类、列报或披露之间存在的差异；或根据注册会计师的判断，为使财务报表在所有重大方面实现公允反映，需要对金额、分类、列报或披露作出的必要调整。

（2）错报的类型。

① 事实错报是指在其他信息中，对与已审计财务报表所反映事项不相关的信息作出的不正确陈述或列报。比如财务数据摘要中包含了不正确的陈述，这就属于事实错报。

② 判断错报是指对某些会计事项的职业判断出现错误，如对使用的会计估计和会计政策运用判断出现错误。

③ 推断错报是指注册会计师根据样本中识别的错报来推断总体的错报，推断错报是一个具体金额。在审计过程中，由于注册会计师不可能对所有的事项都做测试，只能选取一定样本，通过对样本的测试来推断总体。

3.（1）检查，用于物（记录和文件，资产实物）。

（2）观察，用于人（如监盘）。

（3）询问，书面和口头询问都可以，并对答复进行评价（问和答）。

（4）函证，注册会计师直接向第三方获取书面答复作为审计证据的过程，用于实质性程序。

（5）重新计算，对文件或记录中的数据计算的准确性进行核对，用于实质性程序。

（6）重新执行，执行原本作为被审计单位内部控制组成部分的程序或控制，用于控制测试。

（7）分析程序，指注册会计师通过分析不同财务数据之间以及财务数据与非财务数据之间的内在关系，对财务信息作出评价，用于风险评估和实质性程序。

4.（1）不恰当。在识别重要账户、列报及其相关认定时需考虑财务报表整体重要性。

（2）不恰当。针对被审计单位采用集中化的系统为多个组成部分执行重要流程，无须在每个重要的经营场所或业务单位选取一笔交易或事项实施穿行测试。

（3）不恰当。存在多项控制缺陷时，即使这些缺陷从单项看不重要，但组合起来也可能构成重大缺陷。

（4）恰当。

（5）不恰当。如果发现非财务报告内部控制缺陷为重大缺陷，应在内部控制审计报告中增加非财务报告内部控制重大缺陷描述段。

（6）不恰当。由于审计范围受到限制，A 注册会计师应出具无法表示意见的内部控制审计报告或解除业务约定。

五、案例分析

1.（1）提前一周通知 DEF 公司会计主管做好库存现金监盘准备的做法不恰当。应当突击检查。

（2）DEF 公司会计主管人员没有参与盘点的做法不恰当。正确的做法是盘点时出纳、会计主管和注册会计师均需在场。

（3）当天收到的现金 50 000 元未送存银行，也未包括在盘点实有数内的做法不恰当。正确的做法是应将现金全部放入保险柜并纳入库存现金监盘中。

（4）注册会计师 A 当场盘点现金的操作不恰当。库存现金应由出纳盘点，由注册会计师监盘。

（5）"库存现金监盘表"签字人员不当。"库存现金监盘表"应由出纳、会计主管和注册会计师共同签字。

（6）注册会计师 A 直接将当天盘点的库存现金金额填写在"库存现金监盘表"上，未做追溯调整不当。因为注册会计师 A 现金监盘日期为 2018 年 2 月 1 日，非 2017 年资产负债表日，需要将现金盘点结果追溯调整至资产负债表日，即追溯调整至 2017 年 12 月 31 日。

2. 事项 1 账务处理不正确。A 注册会计师需要对 ABC 公司的招商银行渝北支行的未达账项出具审计调整。由于材料采购款的退回银行已收款入账而 ABC 公司未及时入账造成了未达账项。该笔未达账项属于银收企未收事项。2017 年出具的调整分录为：

借：银行存款　　　　　　200 000

　　贷：应付账款　　　　　　200 000

事项 2 账务处理不正确。A 注册会计师需要对 ABC 公司的工商银行渝北支行的未达账项出具审计调整。由于销售部员工向公司借款使银行已支付员工借款但企业未及时入账造成未达账项。该笔未达账项属于银付企未付事项。2017 年出具的调整分录为：

借：其他应收款　　　　　100 000

　　贷：银行存款　　　　　　100 000

第五套试题参考答案及解析

一、单项选择题

1. 【正确答案】D

   【答案解析】注册会计师在设计审计程序时应当增加审计程序的不可预见性，因此不应该将已设计好的总体审计策略或具体审计计划的全部内容与管理层和治理层沟通。

2. 【正确答案】A

   【答案解析】选项A是分析程序，不是观察与检查程序。

3. 【正确答案】B

   【答案解析】鉴证业务标准应当具备下列特征：（1）相关性（相关的标准有助于得出结论，便于预期使用者作出决策）；（2）完整性（完整的标准不应忽略业务环境中可能影响得出结论的相关因素，当涉及列报时，还包括列报的基准）；（3）可靠性（可靠的标准能够使能力相近的注册会计师在相似的业务环境中，对鉴证对象作出合理一致的评价或计量）；（4）中立性（中立的标准有助于得出无偏向的结论）；（5）可理解性（可理解的标准有助于得出清晰、易于理解、不会产生重大歧义的结论）。

4. 【正确答案】D

   【答案解析】应考虑的因素包括：（1）应收账款在全部资产中的重要性；（2）被审计单位内部控制的强弱；（3）以前年度的函证结果；（4）函证方式的选择。

5. 【正确答案】B

   【答案解析】按审计目的，可分为财务报表审计、财经法纪审计和绩效审计。

6. 【正确答案】A

   【答案解析】风险导向审计是以重大错报风险的识别、评估和应对为导向，将审计风险降低至可接受的低水平，而不是对审计风险的防止、发现或纠正。

7. 【正确答案】D

   【答案解析】前三项都会决定或有收费是否会造成不利影响。

8. 【正确答案】D

   【答案解析】分析程序是利用财务数据之间的内在变动关系来分析被审计单位财务数据是否有异常变动，也就是说分析程序更多的是从"量"上进行分析。而控制测试研究对象并不是被审计单位的财务数据而是内部控制，在实施控制测试时，并不研究财务报表是否有金额上的错报，也就是说，控制测试更多的是一种"属性"分析。所以分析程序不能用于内部控制测试。

9. 【正确答案】D

【答案解析】了解的是控制环境，行业特征与某一公司自己的控制环境不相关。

10.【正确答案】D

【答案解析】控制的预期偏差也是要考虑的因素之一。

11.【正确答案】D

【答案解析】导致注册会计师承担法律责任的原因有违约、过失和欺诈。行政责任不是导致注册会计师承担法律责任的原因，而是注册会计师承担法律责任的种类。

12.【正确答案】C

【答案解析】营业收入一般会被高估，因此不涉及完整性认定。

13.【正确答案】D

【答案解析】注册会计师在确定计划的重要性水平时，需要考虑：（1）对被审计单位及其环境的了解；（2）审计目标；（3）财务报表各项目的性质及其相互关系；（4）财务报表项目的金额及其波动幅度。

14.【正确答案】D

【答案解析】员工的胜任能力不属于控制活动。

15.【正确答案】A

【答案解析】A 违反了权利和义务。

16.【正确答案】D

【答案解析】选项 D 为实质性程序。

17.【正确答案】A

【答案解析】注册会计师应当在维护社会公众利益的前提下，竭诚为客户服务。注册会计师应当按照业务约定履行对客户的责任。注册会计师应当对执行业务过程中知悉的商业秘密保密，并不得利用其为自己或他人谋取利益。除有关法规允许的情形外，会计师事务所不得以或有收费形式为客户提供鉴证服务。

18.【正确答案】D

【答案解析】根据存货审计准则，注册会计师应特别关注存货的移动情况、存货的状况、期末截止等问题。

19.【正确答案】D

【答案解析】监盘库存现金的时间一般安排在营业前或营业终了后，避免现金收支的高峰时间。

20.【正确答案】B

【答案解析】内部控制制度按其内容可划分为内部会计控制、管理控制和业务控制三类，工程项目内部会计控制属于会计控制的具体规定。

二、多项选择题

1.【正确答案】AC

【答案解析】选项 A，利用内部审计成果并不是强制的。选项 C，受委托方委托实施审计。

2.【正确答案】AD

【答案解析】当存在下列情形之一时，注册会计师应当实施控制测试：（1）在评估认定层次重大错报风险时，预期控制的运行是有效的；仅实施实质性程序并不能够提供认定层次充分、适当的审计证据。（2）在测试控制运行的有效性时，注册会计师应当从以下方面获取关于控制是否有效运行的审计证据：控制在所审计期间的相关时点是如何运行的；控制是否得到一贯执行；控制由谁或以何种方式执行。

3.【正确答案】AB

【答案解析】A 为存在认定；B 为完整性认定。

4.【正确答案】AB

【答案解析】审计证据的充分性是对审计证据数量的衡量，主要与注册会计师确定的样本量有关，需要获取的审计证据的数量受错报风险的影响。错报风险越大，需要的审计证据可能越多。

5.【正确答案】AC

【答案解析】选项 A，计价与分摊；选项 C，存在认定。

6.【正确答案】ABCD

【答案解析】选项 ABCD 均正确。

7.【正确答案】ABC

【答案解析】因特殊原因导致无法实施存货监盘，注册会计师可根据情况采取相应替代审计程序。（1）在存货盘点现场实施存货监盘不可行，注册会计可采取替代审计程序，例如检查盘点日后出售盘点日之前取得或购买的特定存货的文件记录，以获取充分适当的审计证据。（2）因不可预见的情况导致的无法在存货盘点现场实施盘点，注册会计师应当另择日期实施监盘，并对间隔期内发生的交易实施审计程序。（3）由第三方保管或控制的存货。如果由第三方保管或控制的存货对财务报表重要，注册会计师应采取如下措施：① 向持有被审计单位存货的第三方函证存货的数量和状态；② 实施检查或其他适合具体情况的审计程序。

8.【正确答案】ABCD

【答案解析】财经法纪审计的作用主要体现在以下几个方面：（1）维护社会主义法纪，促进法制建设，保证国家制定的财经法规得以贯彻执行。（2）严厉打击经济领域内的犯罪活动。（3）严肃财经纪律，纠正不正之风，保证企业行为的合法性、合规性。（4）杜绝损失浪费，厉行勤俭节约，提高企业经营管理水平。（5）及时处理经济发展中出现的新情况、新问题，保证社会经济的健康发展，促进我国审计监督体系的进一步完善。

9.【正确答案】ABCD

【答案解析】（1）行业状况、法律环境与监管环境以及其他外部因素。（2）被审计单位性质。（3）被审计单位对会计政策的选择和运用。（4）被审计单位的目标、战略以及相关经营风险。（5）被审计单位业绩的衡量和评价。

10.【正确答案】CD

【答案解析】选项 A、B 为管理层责任。

三、判断分析题

1.【正确答案】×

【答案解析】确定审计程序的性质、时间安排和范围是具体审计计划的核心。

2.【正确答案】×

【答案解析】注册会计师在审计过程中对具体审计计划做出重大修改后，需要在审计工作底稿中进行反映。

3.【正确答案】√

4.【正确答案】×

【答案解析】实行执行的重要性主要在于将未发现错报的汇总数限定在可接受的水平内，所以实际执行的重要性会低于计划的重要性。

5.【正确答案】×

【答案解析】推断错报通常是指通过测试样本估计出来的总体错报减去在测试中已识别的具体错报。

6.【正确答案】×

【答案解析】函证不仅仅适用于账户余额的审计，也可以适用于重要交易事项等的审计。

7.【正确答案】√

8.【正确答案】√

9.【正确答案】×

【答案解析】在发生重大不确定事项时，如果被审计单位已在财务报表附注中做了充分披露，注册会计师就应当出具带解释段的无保留意见审计报告。

10.【正确答案】×

【答案解析】审计准则与审阅准则中没有涉及非历史性财务信息鉴证的内容。

四、简答题

1. 了解被审计单位及其环境是必要程序（风险评估），以充分识别和评估财务报表重大错报风险，设计和实施进一步审计程序。为注册会计师在下列关键环节做出职业判断提供重要基础：

（1）确定重要性水平，并随着审计工作的进程评估对重要性水平的判断是否仍然适当。

（2）考虑会计政策的选择和运用是否恰当，以及财务报表的列报（包括披露）是否适当。

（3）识别需要特别考虑的领域，包括关联方交易、管理层运用持续经营假设的合理性，或交易是否具有合理的商业目的等。

（4）确定在实施分析程序时所使用的预期值。

（5）设计和实施进一步审计程序，以将审计风险降至可接受的低水平。

（6）评价所获取审计证据的充分性和适当性。

2. PPS抽样的含义：概率比例规模抽样，即PPS抽样，是一种运用属性抽样原理对货币金额而不是对发生率得出结论的统计抽样方法。PPS抽样是以货币单位作为抽样单元进行选样的一种方法，有时也被称为金额加权抽样，货币单位抽样，累计货币金额抽样，以及综合属性变量抽样等。

PPS抽样的特点：在该方法下，总体中的每个货币单位被选中的机会相同，所以总体中某一项目被选中的概率等于该项目的金额与总体金额的比率。项目金额越大被选中的概率就越大。但实际上，注册会计师并不是对总体中的货币单位实施检查，而是对包含被选取货币单位的余额或交易实施检查。

3. 审计人员发表审计意见，主要有无保留意见、保留意见、否定意见、无法表示意见。

（1）无保留意见是指注册会计师认为财务报表在所有重大方面按照适用的财务报告编制基础编制，并实现公允反映时发表的审计意见。

（2）保留意见是指注册会计师无法获取充分、适当的审计证据，然而认为未发现的错报（如存在）对财务报表可能产生的影响重大，但不具有广泛性或者注册会计师在获取充分、适当的审计证据认为错报单独或者汇总起来对财务报表影响重大，却不具有广泛性时应发表的意见。

（3）否定意见是指在获取充分、适当的审计证据后，注册会计师认为错报单独或汇总起来对财务报表的影响重大且具有广泛性时应发表的意见。

（4）无法表示意见是指无法获取充分、适当的审计证据以作为形成审计意见的基础，但认为未发现的错报（如存在）对财务报表可能产生的影响重大且具有广泛性时应发表的意见。

4. 事项（1）存在不当之处。当a产品被选为样本项目时，应当对所有a产品执行抽盘。

事项（2）存在不当之处。注册会计师应当对标准规格包装箱包装的存货进行开箱查验，以防止内装存货弄虚作假。

事项（3）存在不当之处。抽盘过程中发现的错误很可能意味着甲公司的盘点中还存在其他错误。一方面，注册会计师应当查明原因，并及时提请被审计单位更正；另一方面，注册会计师应当考虑错误的潜在范围和重大程度，在可能的情况下，扩大检查范围以减少错误的发生。注册会计师还可以要求被审计单位重新盘点。

事项（4）存在不当之处。应当取得并检查所有已填用、作废及未使用盘点表单的号码记录，确定其是否连续编号，查明已发放的表单是否均已收回，并与存货盘点的汇总记录进行核对。

事项（5）存在不当之处。存放在第三方仓库中的存货，占资产总额的30%，属于重要的存货，注册会计师不能仅实施函证程序，注册会计师应实地进行监盘或利用其他注册会计师的工作等。

事项（6）存在不当之处。注册会计师应当另择日期实施监盘，并对间隔期内发生的交易实施审计程序。

五、案例分析

1.（1）不妥当。审计人员不仅应当从存货实物中选取项目追查至存货盘点记录，以测试存货盘点记录的完整性，还应当从存货盘点记录中选取项目追查至存货实物，以测试存货盘点记录的准确性。

（2）不妥当。首先注册会计师把欲监盘的分厂D事先告诉被审计单位，被审计单位可能会利用移库等手段弄虚作假。其次注册会计师不能在未执行任何进一步审计程序的情况下立即答应ABC公司的要求，应当进一步了解被审计单位要求更换监盘分厂的真正原因及其对财务报表的影响，以决定下一步的审计程序。

（3）不妥当。注册会计师不能直接确认该批存货。注册会计师应当向保管单位直接函证。如果该部分存货金额重大，注册会计师还应当考虑实施存货监盘或利用其他注册会计师的工作。

（4）不妥当。应当考虑实施以下审计程序：查明差异原因，并及时提请 ABC 公司更正；应当考虑错误的潜在范围和重大程度，在可能的情况下，扩大检查范围或提请公司重新盘点。

2. 事项 1：根据企业会计制度的规定，对于已验收入库的购进商品，但发票尚未收到的，企业应当在月末合理估计入库成本进行暂估入账。ABC 公司 2017 年 12 月 30 日购入的原材料 300 万元已验收入库并由各部门开始领用，且已纳入年底存货盘点表，仅因没有收到购货发票而在 2017 年未入账是不正确的。因此 2017 年出具的审计调整为：

借：原材料　　　　　　　　3 000 000
　　贷：应付账款　　　　　　　　　3 000 000

事项 2：B 注册会计师重新计算了存货的跌价准备，发现 ABC 公司应该补提货跌价准备 78 万元。2017 年出具的审计调整为：

借：资产减值损失　　　　　　780 000
　　贷：存货跌价准备　　　　　　　780 000

第六套试题参考答案及解析

一、单项选择题

1. 【正确答案】D

   【答案解析】只能删除被取代的工作底稿。

2. 【正确答案】C

   【答案解析】不可坐支现金。

3. 【正确答案】B

   【答案解析】抽查的范围应当尽量选择隐蔽性较大或难以盘点的存货。

4. 【正确答案】D

   【答案解析】选项 A、B、C 为注册会计师职业道德规范规定的内容。

5. 【正确答案】D

   【答案解析】独立性是审计最本质的特征。

6. 【正确答案】A

   【答案解析】报废固定资产取得收入应计入营业外收入，不属于主营业务所得。

7. 【正确答案】A

   【答案解析】风险评估程序，即了解被审计单位及其环境实施程序。询问被审计单位管理层和内部其他相关人员是注册会计师了解被审计单位及其环境的一个重要信息来源。其目的就是为了识别和评估财务报表的重大错报风险。

8. 【正确答案】C

   【答案解析】选项 C 测试的是营业收入的发生性认定。

9. 【正确答案】A

   【答案解析】A 项属于外部证据，其他三项属于内部证据。

10. 【正确答案】A

    【答案解析】通过函证应收账款，可以比较有效地证明被询证者的存在以及被审计单位记录的可靠。

11. 【正确答案】C

    【答案解析】预防贪污的最关键措施是将收款与记账的职务分开，因此 A、B 是有用的，但不如措施 C 彻底。D 与职责分工毫无关系，不能达到目的。

12. 【正确答案】A

    【答案解析】权利与义务是与余额有关的认定。

13. 【正确答案】C

【答案解析】对于单位价值较高的存货项目应当以实施实质性测试为主。

14. 【正确答案】A

【答案解析】1月1日至3月5日总收入＝已入账165 200＋未入账2 000＝167 200（元）。

1月1日至3月5日总支出＝已入账165 500＋未入账3 000＝168 500（元），3月5日现金实际余额＝1 000元，所以2016年12月31日现金余额＝1 000＋支出168 500－收入167 200＝2 300（元）。

15. 【正确答案】D

【答案解析】分期收款销售时，应按照合同约定的收款日期确认销售收入。

16. 【正确答案】B

【答案解析】审查与应收账款相关的销货凭证是应收账款函证的替代程序。虽然审查资产负债表日后的收款情况，更能证明资产负债表日后已收款的应收账款的真实性，但是在完成外勤工作日前并不一定所有的应收账款均能收回。

17. 【正确答案】C

【答案解析】审计工作底稿的所有权属于会计师事务所。

18. 【正确答案】C

【答案解析】选项C属于实质性测试中的细节测试。

19. 【正确答案】A

【答案解析】注册会计师经过审计后，认为被审计单位会计报表的反映就其整体而言是公允的，但存在下述情况之一时，应出具保留意见的审计报告：（1）个别重要财务会计事项的处理或个别重要会计报表项目的编制不符合《企业会计准则》及国家其他有关财务会计法规的规定，被审计单位拒绝进行调整。（2）因审计范围受到重要的局部限制，无法按照独立审计准则的要求取得应有的审计证据。（3）个别重要会计处理方法的选用不符合一贯性原则。

20. 【正确答案】C

【答案解析】在应收账款的审计目标中，首先是存在性，其次是完整性、所有权、估价或分摊及表达与披露等，但并不包括回收期。事实上，回收期在实际收到款项之前是难以准确预料的，即在审计时，尚未收回的款项究竟何时能收回，对注册会计师而言应当是未来事项。

二、多项选择题

1. 【正确答案】BC

【答案解析】舞弊行为性质严重，且可能导致财务报表重大错报，应当与治理层沟通；注册会计师应当与治理层沟通对会计政策、会计估计和财务报表披露重大方面的质量的看法。

注册会计师与治理层沟通的事项包括：（1）注册会计师与财务报表审计相关的责任；（2）计划的审计范围和时间安排；（3）审计中发现的重大问题（包括选项B、C）；（4）值得关注的内部控制缺陷；（5）注册会计师的独立性；（6）补充事项。

2. 【正确答案】ABC

【答案解析】因为该董事为事务所高级经理，调离鉴证小组不足以维护其独立性。

3. 【正确答案】AC

【答案解析】选项 B，审批部门不应该是财务部门；选项 D，销货发票不应与采购部门核对。

4.【正确答案】BC

【答案解析】根据收入确认的有关规定，与商品销售分开的安装劳务收入，应当在劳务完成时确认收入的实现。

5.【正确答案】ABC

【答案解析】如果"预付账款"所属明细科目期末有贷方余额的，是负债性质，应合并在"应付账款"项目反映；"预付账款"的借方余额与"应付账款"借方余额则在"预付账款"项目中反映。

6.【正确答案】BCD

【答案解析】注册会计师在确定控制测试的范围时，应当考虑：在整个拟信赖期间，被审计单位执行控制的频率；在所审计期间，注册会计师拟信赖控制运行有效性的时间长度；为证实控制能够防止或发现并纠正认定层次重大错报，所需要获取审计证据的相关性和可靠性；通过测试与认定相关的其他控制获取的审计证据的范围；在风险评估时拟信赖控制运行有效性的程度；控制的预期偏差率。对自动化控制的确定控制测试范围时，除非系统发生变动，通常不需要增加自动化控制的测试范围。

7.【正确答案】ABCD

【答案解析】以上四项均为注册会计师在监盘过程中应该关注的事项。

8.【正确答案】BD

【答案解析】选项 B、D 为截止测试，不能对未入账应付账款进行测试。

9.【正确答案】ABCD

【答案解析】以上四项均属于注册会计师对期末存货实施的截止测试的程序。

10.【正确答案】ABCD

【答案解析】在编制存货监盘计划时，注册会计师应当实施下列审计程序：（1）了解存货的内容、性质、各存货项目的重要程度及存放场所；（2）了解与存货相关的内部控制；（3）评估与存货相关的重大错报风险和重要性；（4）查阅以前年度的存货监盘工作底稿；（5）考虑实地察看存货的存放场所，特别是金额较大或性质特殊的存货；（6）考虑是否需要利用专家的工作或其他注册会计师的工作；（7）复核或与管理层讨论其存货盘点计划。

三、判断分析题

1.【正确答案】×

【答案解析】为了加强对函证有效性的控制，函证应当由审计人员亲自发出和接收，不应由被审计单位经手。

2.【正确答案】√

3.【正确答案】×

【答案解析】控制测试中的抽样风险包括信赖过度风险和信赖不足风险。

4.【正确答案】×

【答案解析】会计师事务所应当在审计报告日起，对审计工作底稿至少保存 10 年。

5.【正确答案】×

【答案解析】在审计工作底稿归档后，如果确有必要进行更改，需要在更改的同时记录更改理由以及相关的时间和人员。

6.【正确答案】√

7.【正确答案】√

8.【正确答案】×

【答案解析】评价对被审计单位及其环境了解的程度是否恰当，关键是看注册会计师对被审计及其环境的了解是否足以识别和评估财务报表的重大错报风险。

9.【正确答案】×

【答案解析】如果被审计单位上期财务报表未经审计，注册会计师应当实施审计程序。

10.【正确答案】√

四、简答题

1.（1）了解内部控制是指评价控制的设计，并确定其是否得到执行。

（2）控制测试是指用于评价内部控制在防止或发现并纠正认定层次重大错报方面运行有效性的审计程序。

（3）控制测试的目的是为了评价控制运行的结果是否有效，而了解内部控制的目的是为了评价控制的设计并确定控制是否得到执行，即评价控制预期运行是否有效。除非存在某些可以使控制得到一贯运行的自动化控制，否则注册会计师对控制的了解并不足以测试控制运行的有效性。

2. 控制测试中的抽样风险包括信赖过度风险和信赖不足风险。信赖过度风险是指推断的控制有效性高于其实际有效性的风险。信赖过度风险更容易导致注册会计师发表不恰当的审计意见，因而更应予以关注。信赖不足风险是指推断的控制有效性低于其实际有效性的风险。信赖不足风险与审计效率有关，注册会计师可能会增加不必要的实质性程序，在这种情况下，审计效率可能会降低。

细节测试中的抽样风险包括误受风险和误拒风险。误受风险是指注册会计师推断某一重大错报不存在而实际上存在的风险。误受风险影响审计效果，容易导致注册会计师发表不恰当的审计意见，因此更应予以关注。误拒风险是指注册会计师推断某一重大错报存在而实际上不存在的风险。与信赖不足风险类似，误拒风险影响审计效率。

3. 职业怀疑态度的内涵：职业怀疑态度指审计主体在审计过程中对客户及其所提供信息均保持必要质疑的思想状态。这里的审计主体不仅包括注册会计师，还包括政府审计机构、内部审计机构等一切具有审计资格的机构或人员。并不要求注册会计师假设管理层是不诚信的，但也不能假设管理层是诚信的。职业怀疑态度要求注册会计师凭证据说话。职业怀疑态度意味着，在进行询问和实施其他审计程序时，注册会计师不能因轻信管理层和治理层的诚信而满足于说服力不够的审计证据。相应的，为得出审计结论，注册会计师不应使用管理层声明替代应当获取的充分、适当的审计证据。

职业怀疑态度的作用：注册会计师有必要在整个审计过程中保持职业怀疑，以降低下列风险：（1）忽视异常的情形；（2）当从审计观察中得出审计结论时过度推而广之；（3）在确定审计程序的性质、时间安排和范围以及评价审计结果时使用不恰当的假设。

4.（1）不恰当。如果组成部分注册会计师不符合与集团审计相关的独立性要求，集团项目组不能通过参与组成部分注册会计师的工作、实施追加的风险评估程序或对组成部分财务信息实施进一步审计程序，以消除组成部分注册会计师不具有独立性的影响。

（2）不恰当。因为丙公司为重要的组成部分，应要求组成部分注册会计师实施审计程序以识别期后事项。此外集团项目组和组成部分注册会计师的审计工作底稿均自 2018 年 3 月 31 日起至少保存 10 年。

（3）不恰当。组成部分重要性应当低于集团财务报表整体的重要性。

（4）不恰当。如果实际执行的重要性由组成部分注册会计师确定，集团项目组应当评价其适当性。

（5）不恰当。组成部分注册会计师在执行法定审计时应使用 300 万元作为重要性。组成部分重要性应当由集团项目组确定。

（6）恰当。集团项目组是否参与进一步审计程序取决于对组成部分注册会计师的了解。

五、案例分析

1.（1）应付账款是用以核算企业因购买材料、商品和接受劳务供应等经营活动应支付的款项。而单位应付的电费、水费应在其他应付款科目核算。2017 年出具的审计调整为：

借：应付账款　　　　　　　100 000

　　贷：其他应付款　　　　　　　　100 000

（2）ABC 公司与渝北 C 公司的其他应付款项账龄已超过 10 年，且 C 公司已倒闭。因此该笔款项已基本确认无法支付，需由其他应付款调整至营业外收入。2017 年出具的审计调整为：

借：其他应付款　　　　　　350 000

　　贷：营业外收入　　　　　　　　350 000

（3）预付账款期末借方余额出现负数，需要将其重分类至应付账款。2017 年出具的审计调整为：

借：预付账款　　　　　　　500 000

　　贷：应付账款　　　　　　　　500 000

（4）应收账款是指企业在正常的经营过程中因销售商品、产品、提供劳务等业务，应向购买单位收取的款项。ABC 公司是汽车制造企业，汽车销售的应收款项应从其他应收款重分类至应收账款。2017 年出具的审计调整为：

借：应收账款　　　　　　　250 000

　　贷：其他应收款　　　　　　　　250 000

2.（1）ABC 公司办公楼已于 2017 年 6 月 30 日开始全部投入使用，虽仍有部分手续未完善，但已达到预定可使用状态。根据工程决算造价金额应在 2017 年转为固定资产并计提折旧。2017 年出具的审计调整为：

借：固定资产　　　　　　　15 000 000

　　贷：在建工程　　　　　　　　　15 000 000

借：管理费用　　　　　　　150 000

　　贷：累计折旧　　　　　　　150 000

（2）通过重新计算办公用车的 2017 年应提折旧，ABC 公司需补提折旧 8 万元。2017 年出具的审计调整为：

借：管理费用　　　　　　　80 000

　　贷：累计折旧　　　　　　　80 000

第七套试题参考答案及解析

一、单项选择题

1.【正确答案】B

【答案解析】选项 B 属于采购付款循环。

2.【正确答案】A

【答案解析】选项 B、C、D 均为对外投资业务内部控制制度包含的内容。

3.【正确答案】C

【答案解析】（1）确定预付账款是否存在；（2）确定预付账款是否归被审计单位所有；（3）确定预付账款增减变动的记录是否完整；（4）确定预付账款是否可收回；（5）确定预付账款年末余额是否正确；（6）确定预付账款在会计报表上的披露是否恰当。

4.【正确答案】B

【答案解析】内部控制不可信，应采用实质性程序。选项 A 错误；选项 C，主营业务成本核算与未入账应付账款关系不大。选项 D，未入账应付账款一般不采用函证程序。

5.【正确答案】A

【答案解析】选项 A 为被审计方，不涉及泄密问题。

6.【正确答案】B

【答案解析】重大错报风险与可接受检查风险呈反方向相关，重大错报风险越高，可接受检查风险越低。

7.【正确答案】D

【答案解析】被审计单位已经做出适当披露，可发表无保留意见。由于该事项影响可持续经营，因此应增加强调事项段。

8.【正确答案】D

【答案解析】审计人员应严格遵循审计准则的各项要求以保持合理的职业谨慎。

9.【正确答案】C

【答案解析】独立性分为思想上的独立和实质上的独立。

10.【正确答案】C

【答案解析】编制记账凭证和登记明细账不属于不相容职务。

11.【正确答案】B

【答案解析】"宰夫"出现在西周。

12.【正确答案】D

【答案解析】重要性水平在审计计划时制订，并在审计过程中进行合理调整。

13.【正确答案】C

　　【答案解析】选项 C 属于函证的替代程序。

14.【正确答案】A

　　【答案解析】选项 B、C、D 为实质性测试。

15.【正确答案】D

　　【答案解析】材料采购成本由买价、运杂费、包装费、运输损耗、入库前的挑选整理费构成。

16.【正确答案】C

　　【答案解析】选项 A，审计情况可根据实际情况进行调整。选项 B，内部审计具有经济监督与评价职能，不具有经济鉴证职能。选项 D，风险评估结果决定能否承接被审计单位年报审计。

17.【正确答案】A

　　【答案解析】选项 A 检查的是固定资产所有权问题。

18.【正确答案】C

　　【答案解析】重要性确定要充分考虑公司的具体环境，如行业特征、控制环境等。

19.【正确答案】D

　　【答案解析】管理层责任书无法构成充分适当的审计证据。

20.【正确答案】B

　　【答案解析】鉴证业务要素指鉴证业务的三方关系、鉴证对象、标准、证据和鉴证报告。

二、多项选择题

1.【正确答案】ABC

　　【答案解析】选项 D，应直接登记于企业名下。

2.【正确答案】AB

　　【答案解析】选项 A 和 B 为证明交易是否存在。

3.【正确答案】AB

　　【答案解析】选项 A 验证的是计价的准确性；选项 B 验证的是应付账款的完整性。

4.【正确答案】BD

　　【答案解析】选项 B 为分类认定；选项 D 为计价与分摊。

5.【正确答案】ABCD

　　【答案解析】审计工作底稿，是指注册会计师对制订的审计计划、实施的审计程序、获取的相关审计证据，以及得出的审计结论做出的记录。

6.【正确答案】ABCD

　　【答案解析】选项 A、B、C、D 均属于应付债券函证对象。

7.【正确答案】BCD

　　【答案解析】按合同约定的收款日期确认收入。

8.【正确答案】BCD

【答案解析】审计风险不可完全消除。

9.【正确答案】ABC

【答案解析】应收账款函证分为积极函证和消极函证。

10.【正确答案】AD

【答案解析】我国《注册会计师法》规定，合伙制和有限责任制为会计师事务所的法定组织形式。

三、判断分析题

1.【正确答案】√

2.【正确答案】√

3.【正确答案】×

【答案解析】进一步审计程序的范围是指实施进一步审计程序的数量，包括抽取的样本量、对某项控制活动观察次数。

4.【正确答案】√

5.【正确答案】×

【答案解析】实质性程序包括细节测试和实质性分析程序。

6.【正确答案】√

7.【正确答案】√

8.【正确答案】√

9.【正确答案】×

【答案解析】注册会计师"应当"根据对认定层次重大错报风险的评估结果，恰当选用实质性方案或综合性方案，而不是"可以"。

10.【正确答案】×

【答案解析】如果被审计单位的内部控制在剩余期间发生了变化，注册会计师需要了解并测试控制变化对期中审计证据的影响，并不一定信赖期中获取的审计证据。

四、简答题

1. 存货监盘时，注册会计师应当实施的审计程序：

（1）评价管理层用以记录和控制存货盘点结果的指令和程序。

（2）观察管理层指定的盘点程序的执行情况。

（3）检查存货。

（4）执行抽盘。

2. 如果存在下列情况，注册会计师可能考虑选择较低的百分比来确定实际执行的重要性：

（1）首次接受委托的审计项目。

（2）连续审计项目，以前年度审计调整较多。

（3）项目总体风险较高，如处于高风险行业、管理层能力欠缺、面临较大市场竞争压力或业绩压力等。

（4）存在或预期存在值得关注的内部控制缺陷。

3. 实行函证程序，需要考虑的因素：

（1）函证的方式，即采用积极的还是消极的函证方式。

（2）以往审计或类似的经验，如以往审计业务中的回函率、以前年度审计中发现的错报以及回函所提供的信息的准确程度等。

（3）拟函证信息的性质，注册会计师应了解被审计单位与第三方交易的实质，以确定哪些信息需要进行函证。

（4）选择被函证者的适当性，考虑被询证者的能力、独立性、客观性、回函者是否有权回函等因素的影响。

（5）被询证者易于回函的信息类型。

4.（1）不恰当。注册会计师还应当了解管理层如何作出会计估计。

（2）不恰当。注册会计师还应当了解管理层作出会计估计的相关控制。

（3）不恰当。上期财务报表中确认的金额与实际结果存在很小差异的会计估计不属于高度估计不确定的会计估计。

（4）恰当。截至审计报告日前，审计项目组重新估计的结果与管理层财务报表日估计结果之间的差额需要提请管理层调整财务报表。

（5）不恰当。注册会计师应当通过缩小区间估计直至该区间估计范围内的所有结果均被视为是合理的。

（6）不恰当。管理层主观地认为环境已经发生变化，并相应地改变会计估计方法，存在管理层偏向。

五、案例分析

1.（1）根据企业会计准则，政府补助需同时满足下列条件的，才能予以确认：企业能够满足政府补助所附条件；企业能够收到政府补助。由于 2017 年政府并未公布某市企业综合实力 50 强的名单，ABC 公司在 2017 年并不能确定是否满足政府补助条件且未能收到政府补助，因此不能确认该笔政府补助。2017 年出具的审计调整为：

借：营业外收入　　　　　　　300 000

　　贷：其他应收款　　　　　　　　300 000

（2）根据企业会计准则，政府补助具有下列特征：来源于政府的经济资源；无偿性。15 万元的劳模奖励费来源于 ABC 公司，并非来源于政府，因此不属于政府补助，不应在营业外支出科目中进行核算。2017 年出具的审计调整为：

借：管理费用　　　　　　　　150 000

　　贷：营业外支出　　　　　　　　150 000

（3）根据企业会计准则，政府补助分为与资产相关的政府补助和与收益相关的政府补助。与资产相关的政府补助可以确认为递延收益。ABC 公司获得的 300 万元的政府补助款是用于补助 ABC 公司智能化生产线项目，是与资产相关的政府补助，因此应将政府补助款项重分类至递延收益。2017 年出具的审计调整为：

借：营业外收入　　　　　　　　3 000 000

　　贷：递延收益　　　　　　　　　　　　3 000 000

2.（1）按照还款计划，客户应于 2018 年 6 月归还 100 万元借款，其实质属于一年内到期的非流动负债，需要将其重分类。2017 年出具的审计调整为：

借：长期借款　　　　　　　　　　　　1 000 000

　　贷：一年内到期的非流动负债　　　　　　　　1 000 000

（2）短期借款是指企业根据生产经营的需要，从银行或其他金融机构借入的偿还期在一年以内的各种借款，包括生产周转借款、临时借款等。而 ABC 公司的 200 万元的借款来源于从事制造业的 NF 集团，而非金融机构。其实质为 ABC 公司应归还给 NF 集团的其他应付款。2017 年出具的审计调整为：

借：短期借款　　　　　　　　　　2 000 000

　　贷：其他应付款　　　　　　　　　　2 000 000

第八套试题参考答案及解析

一、单项选择题

1.【正确答案】A
【答案解析】审计主体是指审计的执行者。

2.【正确答案】C
【答案解析】审计人员应遵循独立性原则。

3.【正确答案】D
【答案解析】选项 A 属于对客户的责任；选项 B、C 属于对同行的责任。

4.【正确答案】B
【答案解析】B 注册会计师的直系亲属持有 ABC 公司相当数额的股票，会因经济利益影响独立性。

5.【正确答案】B
【答案解析】选项 B 的说法更精确。

6.【正确答案】C
【答案解析】保存期限为 10 年。

7.【正确答案】B
【答案解析】分类认定是指各类交易和事项是否记录于恰当的账户。

8.【正确答案】C
【答案解析】A、B、D 均为具体审计计划的内容。

9.【正确答案】A
【答案解析】选项 A 为外部证据。

10.【正确答案】C
【答案解析】选项 C 为控制五要素中的控制环境。

11.【正确答案】C
【答案解析】由于内部控制的固有局限性，所以其只能对财务报告的可靠性提供合理保证。内部控制的固有局限性主要包括：（1）在决策时人为判断可能出现错误和因人为失误而导致内部控制失效；（2）控制可能由于两个或更多的人员串通或管理层不当地凌驾于内部控制之上而被规避。

12.【正确答案】C
【答案解析】选项 C 为原始凭证金额比对，更能证实计价与分摊。

13.【正确答案】A

【答案解析】应收账款函证的目的是证实债务人的存在和被审计单位记录的真实性。

14.【正确答案】C

【答案解析】预付账款一般不需要函证。

15.【正确答案】D

【答案解析】选项ABC均为监盘过程中（而非之前）应实施的工作。

16.【正确答案】C

【答案解析】对被审计单位长期借款实施函证的对象应是债权人。

17.【正确答案】D

【答案解析】40%的投资比，应该按权益法核算。2016年B公司亏损200万元A公司冲减投资80万元；2017年B公司亏损300万元A公司份额为120万元，但原始投资只有160万元，2017年已冲减80万元；故本年只能再冲减80万元，其余40万元在备查账记录。

18.【正确答案】C

【答案解析】盘点现金主要是为了证明其真实性，与存在认定有关。

19.【正确答案】D

【答案解析】验证被审计单位银行存款首付截止日期是为了确保属于本期和属于下一会计期间的收支业务恰当计入其所属的会计期间。

20.【正确答案】A

【答案解析】若拒绝必要调整，可根据情况发表保留意见。

二、多项选择题

1.【正确答案】ABCD

【答案解析】以上四个选项均可以作为审计要素。

2.【正确答案】CD

【答案解析】由于经济利益非常重大，保证书和交叉核对都不足以消除对独立性的影响。

3.【正确答案】CD

【答案解析】注册会计师法律责任是指注册会计师在承办业务的过程中，未能履行合同条款，或者未能保持应有的职业谨慎，或出于故意未按专业标准出具合格报告，致使审计报告使用者遭受损失，依照有关法律法规，注册会计师或注册会计师事务所应承担的法律责任。

4.【正确答案】BCD

【答案解析】本题的考核点为重要性水平的运用。编制审计计划时对重要性的评估，考虑重要性水平与审计证据之间的关系，目的在于确定审计程序的性质、时间和范围；评价审计结果时要考虑重要性，目的在于确定注册会计师出具审计意见的类型。

5.【正确答案】BD

【答案解析】选项B为口头证据；选项D为实务证据。

6.【正确答案】AB

【答案解析】如果存在下列情形，注册会计师依据样本得出的结论可能与对总体实施同样的审计程序得出的结论不同，出现不可接受的风险：（1）从总体中选择的样本量过小（选项 A 会导致不可接受的风险，选项 D 不会导致出现不可接受的风险）；（2）选择的抽样方法对实现特定目标不适当（选项 B）；（3）未对发现的例外事项进行恰当的追查。

7.【正确答案】BCD

【答案解析】一般情况下，需要函证应付账款较大金额的债权人的账户，或财务报表日金额不大，甚至为零，但为被审计单位重要供应商的债权人的账户。

8.【正确答案】CD

【答案解析】营业成本审计是指对直接材料、直接人工、制造费用、生产成本、库存商品、自制半成品、主营业务成本的审计。

9.【正确答案】BC

【答案解析】根据准则规定，这两项不可转增资本公积。

10.【正确答案】ACD

【答案解析】选项 B 记库存现金。

三、判断分析题

1.【正确答案】√

2.【正确答案】×

【正确解析】生产与存货环节的审计需要对整个环节的全流程进行审计，包括计划和安排生产、发出原材料、成本核算、成品入库以及跌价准备等业务。

3.【正确答案】√

4.【正确答案】×

【正确解析】后任注册会计师与前任会计师的沟通需要征得被审计单位的同意。

5.【正确答案】×

【正确解析】利用内部审计工作不可以减轻注册会计师自身的责任。

6.【正确答案】×

【正确解析】会计师事务所的主任会计师应当对会计师事务所的质量控制制度承担最终责任。

7.【正确答案】√

8.【正确答案】√

9.【正确答案】√

10.【正确答案】×

【正确解析】进一步审计程序包括"控制测试和实质性程序"，实质性程序包括细节测试和实质性分析程序。实质性分析程序只是实质性程序中的一种。

四、简答题

1. 分析程序的含义：分析程序是指注册会计师通过分析不同财务数据之间以及财务数据与非财务数据之间的内在关系，对财务信息做出评价。分析程序还包括在必要时对识别出的、与其他相关信息不一致或与预期值差异重大的波动或关系进行调查。

分析程序的目的：（1）用作风险评估程序，以了解被审计单位及其环境。（2）当使用分析程序比细节测试能更有效地将认定层次的检查风险降至可接受的水平时，分析程序可以用作实质性程序。（3）在审计结束或临近结束时对财务报表进行总体复核。

2. 统计抽样的优点：客观地计量和精确地控制抽样风险；能高效地设计样本；计量所获取审计证据的充分性；定量评价样本的结果。

统计抽样的缺点：需要特殊的专业技能，增加了培训注册会计师的成本；单个样本项目要符合统计要求，增加了额外费用。

非统计抽样的优点：操作简单，使用成本低；适合定性分析。

非统计抽样的缺点：无法量化抽样风险。

3. 应收账款的函证程序决策应考虑的因素：

（1）注册会计师应当对应收账款实施函证程序，除非有充分证据表明应收账款对财务报表不重要，或函证很可能无效。

（2）如果认为函证很可能无效，注册会计师应当实施替代审计程序，获取相关、可靠的审计证据。

（3）如果不对应收账款函证，注册会计师应当在审计工作底稿中说明理由。

4.（1）不恰当。确定重要性水平属于重大职业判断，应由 A 注册会计师在充分了解甲公司及其环境的情况下亲自确定，不应完全依赖内部审计工作。

（2）不恰当。在所述情况下，注册会计师应尽早与审计委托人商定沟通对象。

（3）不恰当。如果专家的工作是形成点估计，注册会计师实施的程序可能主要是评价专家使用的假设和方法。

（4）不恰当。对拟利用的特定工作评价并实施审计程序的目的是确定内部审计人员的特定工作是否足以实现审计目的。

（5）不恰当。后任注册会计师应当对自身实施的审计程序和得出的审计结论负责，不应在审计报告中提及前任注册会计师的工作。

（6）不恰当。应出具带"与持续经营相关的重大不确定性"为标题的段落。

五、案例分析

1. 事项 1：由于 ABC 公司销售部、行政管理部门人员并未直接从事与工程建设相关工作，因此不应将销售部、行政管理部门人员的工资和五险一金都计入"在建工程"科目中。应按职工人数为分配基础，连同其所属的部门对 ABC 公司这两个部门 2017 年职工的工资和五险一金进行科目重分类。2017 年出具的审计调整为：

借：管理费用   200 000
　　销售费用   200 000
　　贷：在建工程   400 000

事项 2：B 注册会计师对 D 公司养老保险执行重新计算后发现，由于计提比例不符合规定导致养老保险单位计提部分金额不正确，应对养老保险进行补提。2017 年出具的审计调整为：

借：管理费用   15 000

  销售费用   9 000

  贷：应付职工薪酬   24 000

2. 事项1：应收账款的回函差异是由于ABC公司延迟确认收入和延迟结转成本导致，存在截止问题。应在2016年确认该笔销售并同时结转成本。2016年出具的审计调整为：

借：应收账款   1 755 000

  贷：主营业务收入   1 500 000

    应交税费——应交增值税（销项税额） 255 000

借：主营业务成本   1 000 000

  贷：库存商品   1 000 000

事项2：经过注册会计师重新计算应收账款坏账准备，ABC公司应补提应收账款坏账准备125万元。2016年出具的审计调整为：

借：资产减值损失   1 250 000

  贷：坏账准备   1 250 000

第九套试题参考答案及解析

一、单项选择题

1.【正确答案】D

【答案解析】审计对象可概括为被审计单位的经济活动。

2.【正确答案】A

【答案解析】针对截止、计价与分摊，通过函证是无法获得审计证据的。

3.【正确答案】D

【答案解析】选项 D 为非鉴证业务。

4.【正确答案】A

【答案解析】注会审计起源于 16 世纪的意大利。

5.【正确答案】B

【答案解析】风险导向型审计可根据重要性分配审计资源。

6.【正确答案】A

【答案解析】审计目标为总体计划内容。

7.【正确答案】D

【答案解析】实质性程序包括细节测试和实质性分析程序。

8.【正确答案】D

【答案解析】了解被审计单位及其环境是必要程序，特别是为注册会计师在下列关键环节做出职业判断提供重要基础：（1）确定重要性水平，并随着审计工作的进程评估对重要性水平的判断是否仍然适当；（2）考虑会计政策的选择和运用是否恰当，以及财务报表的列报（包括披露）是否适当；（3）识别需要特别考虑的领域，包括关联方交易、管理层运用持续经营假设的合理性，或交易是否具有合理的商业目的等；（4）确定在实施分析程序时所使用的预期值；（5）设计和实施进一步审计程序，以将审计风险降至可接受的低水平；（6）评价所获取审计证据的充分性和适当性。

9.【正确答案】B

【答案解析】法院有权依法查阅审计档案，会计师事务所应配合。

10.【正确答案】A

【答案解析】选项 A 还应进行控制测试。

11.【正确答案】C

【答案解析】注册会计师是否承担民事责任的关键是是否按照准则要求执业。

12.【正确答案】B

【答案解析】当评估的财务报表层次重大错报风险属于高风险水平（并相应采取更强调审计程序不可预见性，重视调整审计程序的性质、时间和范围等总体应对措施）时，拟实施进一步审计程序的总体方案往往更倾向于实质性方案。

13.【正确答案】A

【答案解析】进一步审计程序的类型包括检查、观察、询问、函证、重新计算、重新执行和分析程序，总体来说，分为实质性程序和控制测试。

14.【正确答案】D

【答案解析】审计产生的根本为委托-受托经济责任关系。

15.【正确答案】D

【答案解析】选项 D 为实质性程序。

16.【正确答案】B

【答案解析】衍生金融工具包括期权、期货、货币互换、远期合同。非衍生的金融工具包括股票、债券、优先股等。期权期货一般是企业用来套期保值规避风险的，所以并不算是投资活动。

17.【正确答案】D

【答案解析】以前审计实质性程序获取的审计证据，通常对于本期审计证明力较弱或没有证明力，在相关事项未发生重大变动的基础上，可以用本期的审计证据，但是也应当在本期实施审计程序，以确定这些审计证据是否具有持续相关性。

18.【正确答案】B

【答案解析】选项 B 属于采购与付款循环。

19.【正确答案】C

【答案解析】财务报表审计的判断标准为审计准则。

20.【正确答案】C

【答案解析】若本期评估重大错报风险为高水平，则不可信赖以前年度获取的有关内部控制的证据。

二、多项选择题

1.【正确答案】ABD

【答案解析】如果退货真实应提请 LG 公司调整 2017 年度的收入。

2.【正确答案】ABD

【答案解析】选项 C 为鉴证服务。

3.【正确答案】BCD

【答案解析】审计的目标不能因审计环境的改变而改变。

4.【正确答案】ABC

【答案解析】竞争对手不属于无意泄露对象。

5.【正确答案】BCD

【答案解析】重要性的判断标准要根据错报的金额和性质来确定。

6. 【正确答案】ABD

【答案解析】了解被审计单位及其环境的目的是为了识别和评估财务报表重大错报风险。

7. 【正确答案】BCD

【答案解析】本题的考查点为审计证据的可靠性。可靠性是指审计证据应能如实地反映客观事实。不同来源的审计证据的可靠程度通常可用下述标准来判断：以书面文件为形式的书面证据，比经由对有关人员口头询问而得到的口头证据可靠；取自被审计单位以外的独立的第三者的外部证据，比取自被审计单位内部的证据可靠；注册会计师自行获得的证据，比由被审计单位提供的证据可靠；被审计单位内部控制较好时所提供的内部证据，比被审计单位内部控制较差时所提供的内部证据可靠；不同来源或不同性质的审计证据相互印证时，审计证据较具可靠性。

8. 【正确答案】ABD

【答案解析】社会审计组织部实行有偿审计。

9. 【正确答案】BCD

【答案解析】选项 A 是审计意见段应当说明的内容。

10. 【正确答案】ABC

【答案解析】选项 A 为无法表示意见；选项 B 无保留意见；选项 C 否定意见。

三、判断分析题

1. 【正确答案】√

2. 【正确答案】×

【正确解析】审计报告中应当包含标题为"形成审计意见的基础"的部分。

3. 【正确答案】×

【正确解析】在获取充分、适当的审计证据后，如果认为错报单独或汇总起来对财务报表的影响重大且具有广泛性，注册会计师应当发表否定意见。

4. 【正确答案】√

5. 【正确答案】√

6. 【正确答案】×

【正确解析】当注册会计师出具的无保留意见的审计报告不附加说明段、强调事项段或任何修饰性用语时，该报告称为标准审计报告。

7. 【正确答案】√

8. 【正确答案】×

【答案解析】分析程序不可以用于控制测试。

9. 【正确答案】√

10. 【正确答案】×

【答案解析】审计证据的适当性是对审计证据质量的衡量，即审计证据在支持各类交易、账户余额、列报的相关认定，或发现其中存在错报方面具有相关性和可靠性。而审计证据充分性是对审计证据数量的衡量。

四、简答题

1.（1）评价专家必需的胜任能力、专业素质和客观性。

（2）了解专家的专长领域。

（3）与专家在以下四个方面达成一致意见：专家工作的性质、范围和目标；各自的角色和责任；双方沟通的性质、时间安排和范围；保密要求。

（4）评价专家工作的恰当性。

2．项目质量控制复核应涉及以下内容：（1）与项目合伙人讨论重大事项；（2）复核财务报表和拟出具的审计报告；（3）复核选取的与项目组做出的重大判断和得出的结论相关的审计工作底稿；（4）评价在编制审计报告时得出的结论，并考虑拟出具审计报告的恰当性。

对于上市实体财务报表审计的项目质量控制复核应当额外考虑的工作有：（1）审计项目组就具体审计业务对会计师事务所独立性做出的评价；（2）审计项目组是否已就涉及意见分歧的事项，或其他疑难问题或争议事项进行适当咨询，以及咨询得出的结论；（3）选取的用于复核的审计工作底稿，是否反映了审计项目组针对重大判断执行的工作，以及是否支持得出的结论。

3．（1）书面声明的定义：书面声明指管理层向注册会计师提供的书面陈述，用以确认某些事项或支持其他审计证据。书面声明不包括财务报表及其认定，以及支持性账簿和相关记录。

（2）书面声明的日期应当尽量接近审计报告的日期，但不得在审计报告日后。书面声明应当涵盖审计报告针对的所有财务报表和期间。

4．（1）不恰当。每年至少一次向所有需要按照相关职业道德要求保持独立性的人员获取其遵守独立性政策和程序的书面或电子形式的确认函。

（2）不恰当。所有上市实体（上市实体的范围大于上市公司）财务报表审计项目应当实施项目质量控制复核，其他项目根据相关标准判断是否需要实施项目质量控制复核。如果需要项目质量控制复核，由项目质量控制复核人员负责，项目合伙人不得负责项目质量控制复核。

（3）不恰当。会计师事务所应当制定统一的质量控制制度（包含分所和网络所）。按规定，事务所应当将质量控制政策和程序形成书面文件，并传达给全体人员。这里的全体人员应当涵盖会计师事务所及其分支机构，涵盖属于同一网络事务所的所有分支机构，没有一年的缓冲期。

（4）不恰当。意见分歧未得到解决之前，不得出具审计报告。

（5）不恰当。会计师事务所应当周期性地选取已完成的业务进行检查，周期最长不得超过三年。在每个周期内，应对每个项目合伙人的业务至少选取一项进行检查。会计师事务所应当每年至少一次将质量控制制度的监控结果，传达给项目合伙人及会计师事务所内部的其他适当人员。

（6）不恰当。事务所在传达监控结果时，向项目合伙人以外的人员传达已经发现的缺陷，通常不应提及涉及的具体业务。

五、案例分析

1．事项 1：人力资源部属于行政管理部门，其发生的职工工资应重分类至管理费用。同时广告媒体费用属于销售费用，应进行重分类。2017 年出具的审计调整为：

借：销售费用　　　　　　　350 000

　贷：管理费用　　　　　　　　350 000

事项 2：根据收入成本配比原则，应将 2017 年最后一天的销售成本在当年进行结转。2017 年出具的审计调整为：

借：主营业务成本　　　　　5 000 000

　贷：库存商品　　　　　　　　5 000 000

2. 资料 1：

（1）存在内部控制缺陷。银行出纳编制银行存款余额调节表，不相容职务未能分离。应建议由出纳以外的会计人员编制公司银行存款余额调节表。

（2）存在内部控制缺陷。由于总经理不在公司而生产车间又急需采购材料，采购部经理多次批准了金额超过 50 万元的采购申请。分级授权审批采购材料的制度执行无效。应建议公司制定总经理不在公司等特殊时期对超过 50 万元的采购申请审批的规范程序，并据此严格执行。

（3）存在内部控制缺陷。公司每年 12 月 28 日后发出的存货在仓库的台账上记录，但未在财务部门的会计账上反映，存货仓库明细账与财务部门的会计记录不符，由此导致资产负债表日账账、账实不符，存货成本低估，利润高估，没有做到会计记录的及时、完整。在一个会计期间内，实物保管部门的明细账应与财务部门的会计记录完全相符。应建议公司将 12 月 28 日后发出的存货在仓库的明细账上记录，同时在财务部门的会计账上反映。

资料 2：

（1）恰当。注册会计师执行的内部控制审计严格限定在财务报告内部控制审计。审计意见覆盖的范围：针对财务报告内部控制，注册会计师对其有效性发表审计意见；针对非财务报告内部控制，注册会计师针对内部控制审计过程中注意到的非财务报告内部控制的重大缺陷，在内部控制审计报告中增加"非财务报告内部控制重大缺陷描述段"予以披露。

（2）不恰当。如果多项控制能够实现同一目标，注册会计师没有必要了解与该目标相关的每一项控制。

（3）恰当。财务报告内部控制存在重大缺陷，B 注册会计师应当对财务报告内部控制发表否定意见。

第十套试题参考答案及解析

一、单项选择题

1. 【正确答案】B
   【答案解析】三者最大的区别在于审计主体。

2. 【正确答案】B
   【答案解析】审计最基本的证据形式为书面证据。

3. 【正确答案】C
   【答案解析】职业规范的核心为审计准则。

4. 【正确答案】A
   【答案解析】计价与分摊认定指的是，与期末余额有关科目计价金额是否准确。

5. 【正确答案】C
   【答案解析】因被审计单位会计政策的选用、会计估计的作出或财务报表的披露不符合适用的会计准则和相关会计制度的规定所涉金额超过重要性水平，在某些方面影响财务报表使用者的决策，但对财务报表整体仍然是公允的，出具保留意见。

6. 【正确答案】A
   【答案解析】相关性指与审计目的相关。

7. 【正确答案】A
   【答案解析】采购与付款业务循环的起点是编制采购计划。

8. 【正确答案】A
   【答案解析】完整性认定一般从原始凭证或实物到账目，即顺查法。

9. 【正确答案】A
   【答案解析】顺查法，证明完整性。

10. 【正确答案】A
    【答案解析】正则会计师事务所是中国第一家会计师事务所。

11. 【正确答案】C
    【答案解析】根据该题描述，应采用分析程序。

12. 【正确答案】B
    【答案解析】既实施内部控制测试，又实施实质性测试，为综合性方案。

13. 【正确答案】A
    【答案解析】股份有限公司发行股票支付的手续费、佣金等发行费用，股票溢价发行的，从发行股票的溢价中抵扣；股票发行没有溢价或溢价金额不足以支付发行费用的部分，应将不足支付的发行费用冲减盈余公积和未分配利润。

会计分录：

借：银行存款

贷：股本贷：资本公积——股本溢价

14.【正确答案】B

【答案解析】检查风险与重大错报风险为反向变动。重大错报风险越高，检查风险越低；相反，检查风险越高，可容忍的重大错报风险越低。

15.【正确答案】D

【答案解析】突击性盘存就是不通知被审计单位及相关人员，对某项资产进行现场点数、核对账目以及相关票证，检查资产的真实存在性、准确性，大多用于现金盘点。

16.【正确答案】D

【答案解析】究竟是否应当使用函证，取决于在具体情况下对可靠性的要求以及替代证据的可获得性。习惯上，对于固定资产增加和具体销售交易，注册会计师通常采用检查文件的形式，而不采用函证程序；由于应收账款通常是财务报表重要余额，而函证又是高度可靠的证据，所以，审计师必须对应收账款进行函证。

17.【正确答案】D

【答案解析】逆查法，通常证明是否违反发生认定。

18.【正确答案】D

【答案解析】重大错报的可能性称为重大错报风险。

19.【正确答案】B

【答案解析】收集审计证据的阶段通常为审计实施阶段。

20.【正确答案】D

【答案解析】数量表达证据的充分性。

二、多项选择题

1.【正确答案】ACD

【答案解析】环境证据是为了评估报表层次和认定层次重大错报风险的高低。

2.【正确答案】ABD

【答案解析】检查风险是指某几个认定存在错报，该错报单独或连同其他错报是重大的，但注册会计师未能发现这种错报的可能性。检查风险是注册会计师唯一可以控制的风险要素。

3.【正确答案】ACD

【答案解析】菲律宾审计委员会是独立的，不隶属于任何机构。

4.【正确答案】ABC

【答案解析】民间《独立审计准则》包括一般准则、外勤准则和报告准则。

5.【正确答案】ABC

【答案解析】选项 D 中注册会计师执行审计工作的基础包括：（1）按照适用的财务报

告编制基础编制财务报表，并使其实现公允反映（如适用）；（2）设计、执行和维护必要的内部控制，以使财务报表不存在由于舞弊或错误导致的重大错报；（3）向注册会计师提供必要的工作条件，包括允许注册会计师接触与编制财务报表相关的所有信息（如记录、文件和其他事项），向注册会计师提供审计所需的其他信息，允许注册会计师在获取审计证据时不受限制地接触其认为必要的内部人员和其他相关人员。

6.【正确答案】ABC

【答案解析】审计监督体系包括国家审计、民间审计、内部审计。

7.【正确答案】AB

【答案解析】选项 C 衡量长期偿债能力；选项 D 衡量企业盈利能力。

8.【正确答案】CD

【答案解析】选项 A、B 属于管理层和治理层责任。

9.【正确答案】BD

【答案解析】选项 B，要考虑错报的性质是否重大。选项 D，重要性水平可能在审计过程中进行调整。

10.【正确答案】BCD

【答案解析】选项 A 与应收账款有关，与应付账款无关。

三、判断分析题

1.【正确答案】×

【答案解析】注册会计师不能仅仅依靠控制测试获取的审计证据来证实相关认定。

2.【正确答案】×

【答案解析】职业道德要求注册会计师在执业中对获取的信息进行保密，包括注册会计师聘请的外部专家。

3.【正确答案】×

【答案解析】在承接业务前，事务所除了对管理层的品行和诚信进行了解之外，也要考虑自身的胜任能力和独立性。

4.【正确答案】√

5.【正确答案】√

6.【正确答案】×

【答案解析】分析性测试程序是通过财务报表数据关系的比较和研究而对财务信息进行的实质性测试，不仅仅是计算各种财务比率。

7.【正确答案】×

【答案解析】并非每一张工作底稿都为证明被审计单位的财务报表是否存在重大错报提供了审计证据，比如审计计划作为工作底稿就无法证实财务报表是否存在重大错报。

8.【正确答案】×

【答案解析】注册会计师无须取得客户的同意即可将工作底稿交予检查。审计工作底稿的所有权归属于接受委托进行审计的会计师事务所。

9.【正确答案】√

10.【正确答案】×

【答案解析】审计计划贯穿于审计工作始终，完成外勤审计工作后仍然可能对审计计划进行修改。

四、简答题

1. 审计合伙人定期轮换的一般要求：

（1）如果审计客户属于公众利益实体，执行其审计业务的关键是审计合伙人的任职时间不得超过五年。

（2）在两年的冷却期内，该关键合伙人不得有下列行为：① 参与该客户的审计业务；② 为该客户的审计业务实施质量控制复核；③ 就有关技术或行业特定问题、交易或事项向项目组或该客户提供咨询；④ 以其他方式直接影响业务结果。

2. 定义：实际执行的重要性是指注册会计师确定的低于财务报表整体重要性的一个或多个金额，旨在将未更正和未发现错报的汇总数超过财务报表整体重要性的可能性降至适当的低水平。

确定实际执行的重要性应考虑的因素：（1）对被审计单位的了解；（2）前期审计工作中识别出的错报的性质和范围；（3）根据前期识别的错报对本期错报做出的预期。

3. 积极式询证函未收到回函时的处理：

（1）如果在合理的时间内没有收到积极式询证函回函，注册会计师应当考虑必要时再次向被询证者寄发询证函。

（2）如果未能得到被询证者的回应，注册会计师应当实施替代审计程序。

（3）在某些情况下，注册会计师可能识别出认定层次重大错报风险，且取得积极式询证函是获取充分、适当的审计证据的必要程序。这些情况可能包括：① 可获取的佐证管理层认定的信息只能从被审计单位外部获得；② 存在特定舞弊风险因素。例如，管理层凌驾于内部控制之上、员工和（或）管理层串通使注册会计师不能信赖从被审计单位获取的审计证据。

（4）如果注册会计师认为取得积极式函证回函是获取充分、适当的审计证据的必要程序，则替代程序不能提供注册会计师所需要的审计证据。在这种情况下，如果未获取回函，注册会计师应当确定其对审计工作和审计意见的影响。

4. 事项（1）不正确。货币单元抽样界定的抽样单元是货币单元。

事项（2）正确。

事项（3）正确。

事项（4）不正确。货币单元抽样中被低估的实物单元被选取的概率更低，不适合测被低估的错报，适合测试高估的错报。

$$样本规模 = \frac{总体账面金额}{可容忍错报} \times 保证系数 = 2\,000\,000 \div 40\,000 \times 3.41$$

$$= 170.5$$

$$\approx 171$$

選样间隔=2 000 000÷171≈11 695

五、案例分析

1. 事项 1：DEF 公司没有将行政后勤部门和销售部门 2017 年的年终奖在 2017 年进行计提，不符合权责发生制，存在截止性差异。2017 年应出具的审计调整为：

借：管理费用　　　　　　　350 000
　　销售费用　　　　　　　650 000
　　贷：应付职工薪酬　　　　　　　1 000 000

事项 2：其他业务收入，用来核算企业确认除主营业务活动以外的其他经营活动实现的收入。其他业务成本，用来核算企业确认除主营业务活动以外的其他经营活动所发生的支出。DEF 公司应将房屋和仓库租赁收入和支出重分类至其他业务收入和其他业务成本科目中。2017 年出具的审计调整为：

借：主营业务收入　　　　　600 000
　　贷：其他业务收入　　　　　　　600 000
借：其他业务成本　　　　　60 000
　　贷：主营业务成本　　　　　　　60 000

2.（1）A 注册会计师应出具无法表示意见审计报告。因系统缺陷导致审计项目组无法获取有关存货、营业成本、营业收入等科目的充分、适当的审计证据，且存货、营业成本、营业收入等科目金额重大，对财务报表影响重大且广泛。

（2）A 注册会计师应出具否定意见审计报告。2017 年下半年 C 公司进入破产清算程序，而 2017 年财务报表仍按照持续经营基础编制，无论在财务报表附注中是否披露了公司清算进程，注册会计师均应发表否定意见。

（3）A 注册会计师应出具保留意见审计报告。复杂金融工具无法计量，财务报表附注中无法进行披露，但影响范围仅限于金融工具，即存在影响重大但不具有广泛性的披露错报。

（4）A 注册会计师应该发表否定意见。因为未计提的折旧金额 540 万元超过了财务报表层次的重要性水平 100 万元，同时存货错报金额 120 万元高于财务报表整体重要性水平 100 万元，且注册会计师 A 还发现 E 公司其他多个科目的错报金额超过财务报表层次的重要性水平。因此错报对 E 公司财务报表的影响重大且广泛。

（5）A 注册会计师应该发表保留意见或否定意见，应该披露的未决诉讼而管理层拒绝披露，注册会计师根据职业判断确定发表保留意见或否定意见。

第十一套试题参考答案及解析

一、单项选择题

1.【正确答案】D

【答案解析】根据《司法解释》第七条，针对注册会计师行业具体情况来说，民事侵权赔偿责任的界定"四要件"具体表现为以下四种情形：（1）注册会计师出具了不实报告；（2）利害关系人遭受了经济损失；（3）会计师事务所的过失与利害关系人遭受损失存在因果关系（简称"因果关系"）；（4）注册会计师执业过程存在过错。选项 D 为直接因果关系。

2.【正确答案】D

【答案解析】本题考查如何应对"仅通过实质性程序无法应对的重大错报风险"。注册会计师应对"仅通过实质性程序无法应对的重大错报风险"时应当评价被审计单位是否针对这些风险设计了相关控制活动并确定其执行情况，故选项 A、B、C 正确；选项 D 需要通过实质性程序获取审计证据予以确认。

3.【正确答案】D

【答案解析】经营租赁所有权未转移，无须计提折旧。

4.【正确答案】C

【答案解析】传统变量抽样中的差额估计抽样和比率估计抽样不适合先对总体进行分层。

5.【正确答案】C

【答案解析】抽样风险的降低与否不是由审计抽样本身决定的，而是由注册会计师样本设计中样本规模和样本审计等环节决定的，选项 C 不是审计抽样的特征。

6.【正确答案】B

【答案解析】审计标准是判断审计事项是非优劣的准绳。

7.【正确答案】B

【答案解析】由于信息技术处理程序的内在一贯性，实施审计程序确定某项自动控制是否得到执行，也可能实现对控制运行有效性测试的目标，这取决于注册会计师对控制（如针对程序变更的控制）的评估和测试。选项 B 片面。

8.【正确答案】 A

【答案解析】选项 BCD 均属于法律环境与监管环境的内容，选项 A 是属于行业状况的因素。

9.【正确答案】 D

【答案解析】选项 D，在了解被审计单位控制活动时，注册会计师应当了解被审计单位如何应对信息技术导致的风险。

10.【正确答案】 B

【答案解析】本题考查的是评估重大错报风险。财务报表层次的重大错报风险很可能源于薄弱的控制环境。

11.【正确答案】 A

【答案解析】选项 A，应综合考虑。

12.【正确答案】 D

【答案解析】选项 D 不是内部控制的目标。

13.【正确答案】 D

【答案解析】选项 ABC 分别适宜于防止出现漏记购货、分类、销售计价错误的错报。

14.【正确答案】B

【答案解析】了解业务流程层面应执行穿行测试。

15.【正确答案】 C

【答案解析】控制测试的前提是信任被审计单位内部控制。

16.【正确答案】 D

【答案解析】项目组应讨论被审计单位所面临的经营风险、财务报表容易发生错报的领域以及发生错报的方式，特别是由于舞弊导致重大错报的可能性。

17.【正确答案】D

【答案解析】在实施风险评估程序时，注册会计师需要对控制环境构成要素获取足够了解，并考虑内部控制的实质及其综合效果。

18.【正确答案】A

【答案解析】注册会计师应当从下列方面了解被审计单位及其环境：（1）相关行业状况、法律环境与监管环境以及其他外部因素；（2）被审计单位的性质；（3）被审计单位对会计政策的选择和运用；（4）被审计单位的目标、战略以及可能导致重大错报风险的相关经营风险；（5）对被审计单位财务业绩的衡量和评价；（6）被审计单位的内部控制。

上述第（1）项是被审计单位的外部环境，第（2）、（3）、（4）项以及第（6）项是被审计单位的内部因素，第（5）项则既有外部因素也有内部因素。

19.【正确答案】B

【答案解析】注册会计师在进行风险评估时，如果认为被审计单位控制环境薄弱，则很难认定某一流程的控制是有效的，可不执行控制测试。

20.【正确答案】A

【答案解析】注册会计师并不需要了解与每一控制目标相关的所有控制活动。

二、多项选择题

1.【正确答案】ABC

【答案解析】审计无法改变财务报表的质量，只能对其发表意见。

2.【正确答案】BCD

【答案解析】在初步业务活动阶段，了解被审计单位内部控制不是必需的。

3.【正确答案】ACD

【答案解析】发表审计意见的基础是充分适当的审计证据。

4.【正确答案】ABC

【答案解析】选项D错误。如果审计抽样运用于控制测试，测试的总体没有变异性，不需要对总体进行分层；同样，如果采用PPS抽样，由于样本是以元为单位，总体没有变异性，也不需要对总体进行分层。

5.【正确答案】ABD

【答案解析】选项C中包括检查风险，这并不是实施风险评估程序的目的。

6.【正确答案】AD

【答案解析】选项B和C是教材明确的关于细节测试中抽样单元的定义。控制测试中的抽样单元通常是能够提供控制运行证据的一份文件资料、一个记录或其中一行。

7.【正确答案】ABC

【答案解析】选项D不恰当。风险评估程序中的分析程序不适合用来了解内部控制，因为内部控制设计或运行过程中不存在财务信息之间或财务信息和非财务信息之间的预期关系。

8.【正确答案】ABC

【答案解析】本题考查重点是对"审计准则的作用"的掌握。审计准则的作用包括：（1）审计准则是衡量审计质量的尺度；（2）审计准则是确定和解脱审计责任的依据；（3）审计准则是审计组织与社会进行沟通的媒介；（4）审计准则是完善审计组织内部管理的基础。另外，审计准则的颁布也为解决审计争议提供了仲裁标准，为审计教育明确了方向和目标。

9.【正确答案】ABC

【答案解析】信息技术系统中的控制是自动化控制（如嵌入计算机程序的控制）和人工控制的组合。所有的自动应用控制都会有一个人工控制与之相对应。

10.【正确答案】ABCD

【答案解析】以上四项均属于注册会计师应当了解的主要经营活动。

三、判断分析题

1.【正确答案】√

2.【正确答案】×

【答案解析】控制测试不是所有情况下都要实施的，当存在下列情形之一时，注册会计师应当实施控制测试：（1）在评估认定层次重大错报风险时，预期控制的运行是有效的；（2）仅实施实质性程序并不能够提供认定层次充分、适当的审计证据。

3.【正确答案】×

【答案解析】控制在剩余期间未发生变动，但注册会计师测试的是整个期间的控制，所以要针对剩余期间获取补充的审计证据。

4.【正确答案】√

5.【正确答案】×

【答案解析】评估的某项认定的重大错报风险越高，针对该认定所需获取的审计证据的相关性和可靠性要求也就越高，注册会计师越应当考虑将实质性程序集中于期末实施。

6.【正确答案】×

【答案解析】当评估的财务报表层次重大错报风险属于高风险水平时，拟实施进一步审计程序的总体方案往往更倾向于实质性方案。

7.【正确答案】×

【答案解析】针对具有高度估计不确定性的重大会计估计，注册会计师需要根据职业判断确认是否会导致特别风险。

8.【正确答案】×

【答案解析】被审计单位销售交易的流程：接受客户订购单—批准赊销信用—按销售单供货—装运货物—开具账单。

9.【正确答案】×

【答案解析】回收的旧商品应当按购进商品处理，而不是将回收旧商品的成本作为营业成本。

10.【正确答案】×

【答案解析】注册会计师应当询问被审计单位除管理层和财务部门以外的其他人员，如营销人员、仓库人员等，以了解有关存货存放地点的情况。

四、简答题

1. 强调事项段的定义：审计报告中含有的一个段落，该段落提及已在财务报表中恰当列报或披露的事项，根据注册会计师的职业判断，该事项对财务报表使用者理解财务报表至关重要。

注册会计师可能认为需要增加强调事项段的情形：（1）异常诉讼或监管行动的未来结果存在不确定性；（2）提前应用（在允许的情况下）对财务报表有广泛影响的新会计准则；（3）存在已经或持续对被审计单位财务状况产生重大影响的特大灾难。

2. 注册会计师可以做出的变动：

（1）删除或废弃被取代的审计工作底稿。

（2）对审计工作底稿进行分类、整理和交叉索引。

（3）对审计档案归整工作的完成核对表签字认可。

（4）记录在审计报告日前获取的、与项目组相关成员进行讨论并达成一致意见的审计证据。

3. 情况（1）不符合。B注册会计师已连续5年担任甲银行关键审计合伙人，2016年不应以任何方式参与甲银行审计业务。

情况（2）不符合。ABC事务所破例从甲银行取得借款，没有防范措施能消除或将对独立性的不利影响降低到可接受水平。

情况（3）不符合。D是甲银行财务经理，无论怎样分配C注册会计师的职责，都无法使其工作不涉及D的职责范围。

情况（4）不符合。职业道德守则禁止对财务报表发表审计意见的会计师事务所向审计客户就非鉴证服务收取重大的或有收费。

情况（5）不符合。A 注册会计师在与审计客户协商受雇于该客户时，应当向会计师事务所报告，以便事务所评价不利影响的严重程度，并在必要时采取防范措施消除不利影响或将其降低至可接受的水平。

情况（6）不符合。事务所和银行以双方的名义捆绑提供服务，属于商业关系。会计师事务所不得介入此类商业关系。

4. 针对要求（1）：（1）不恰当。针对应付账款低估的错报风险，审计项目组应当选取账面金额小的应付账款或者零余额的应付账款项目作为函证对象。

（2）不恰当。审计项目组应当在审计报告日前检查银行存款日记账、收款凭证及银行对账单，确认该笔销货款是否收到，以及甲公司是如何进行会计处理的。

（3）不恰当。审计项目组应当要求与被询证者相关人员直接沟通讨论询证事项，并决定前往被询证者工作地点以验证其是否存在。

（4）不恰当。丙公司法律顾问的口头回复不能作为可靠审计证据，审计项目组可以要求被询证者丙公司提供直接书面回复。如果仍未收到丙公司书面回函，注册会计师需要通过实施替代程序，寻找其他审计证据以支持口头回复中的信息。

（5）不恰当。该限制性条款存在不可靠性，审计项目组应当对此专门执行替代审计程序，消除对此回函可靠性的疑虑。

针对要求（2）：对于邮寄方式获取的回函，审计项目组可以实施以下审计程序验证回函的可靠性：① 戊客户确认的询证函是否是原件，是否与审计项目组发出的询证函是同一份；② 回函是否由戊客户直接寄给审计项目组；③ 寄给审计项目组的回邮信封或快递信封中记录的发件方名称、地址是否与询证函中记载的戊客户名称、地址一致；④ 回函信封上寄出方的邮戳显示发出城市或地区是否与戊客户的地址一致；⑤ 戊客户加盖在询证函上的印章以及签名中显示的戊客户名称是否与询证函中记载的戊客户名称一致。

五、案例分析

1.（1）~（4）项是否存在重大错报风险及理由如表 1 所示。

表 1　重大错报风险及理由

事项序号	是否可能表明存在重大错报风险（是/否）	理由	财务报表项目及认定
（1）	是	传统汽车产品销售价格走低，DEF 公司销售困难，但财务数据显示，DEF 公司 2017 主营业务收入较 2016 年反而增加 5 300 万元，增长 36.05%，可能存在多计当年主营业务收入的重大错报风险	主营业务收入/发生
（2）	是	DEF 公司将每月工资发放时间由当月末改为下月初，但财务数据显示，2017 年年末应付职工薪酬余额为零，可能存在少计当年应付职工薪酬的重大错报风险	应付职工薪酬/完整性

事项序号	是否可能表明存在重大错报风险（是/否）	理由	财务报表项目及认定
（3）	是	DEF 公司将客车交货方式由客户提货变为发运至客户签收，相对来说比 2016 年多承担运费，但财务数据显示，2017 年当年销售费用——运输费较 2016 年反而减少 1 000 万元，下降 62.5%，可能存在少计当年销售费用的重大错报风险	销售费用/完整性
（4）	是	DEF 公司很可能被处罚 1 000 万元至 2 500 万元，但财务数据显示，2017 年年末预计负债账面金额为零，可能存在少计预计负债的重大错报风险	预计负债/完整性

2.（1）资料 1，具体分析详见表 2。

表 2 存在缺陷的理由及改进建议

事项序号	相关内部控制设计或运行是否存在缺陷（是/否）	理由	改进建议
（1）	是	销售部门不能同时填制出库单；会计 C 不能同时登记产成品总账和明细账	应由仓储部门人员填制出库单；由不同会计人员登记产成品总账和明细账
（2）	是	会计 A 仅根据销售单填写销售发票价格不妥；会计 A 未检查销售发票计价和计算的正确性	会计 A 应当在核对发运凭证和经批准的销售单后，按照已授权批准的商品价目表计算填写销售发票的价格；会计 A 应检查销售发票计价和计算的正确性，将发运凭证上的商品总数与相对应的销售发票上的商品总数进行比较
（3）	是	资金支付过程中不能由一人保管支付款项所需的全部印章	乙公司财务经理个人名章应由其本人或其授权人员代为保管，不得将乙公司财务经理个人名章和支票印章同时交给会计 D 负责保管
（4）	是	内部审计部不应对总经理负责	内部审计部应当对董事会负责，内部审计报告应提交董事长

（2）资料 2，具体分析详见表 3。

表 3 审计计划是否恰当及理由

事项序号	审计计划是否恰当（是/否）	理由
（1）	否	超出正常经营范围的重大关联方交易应确定为特别风险，应了解相关的内部控制
（2）	否	针对重大类别的交易仅实施控制测试不足够，应针对重大类别的交易实施实质性程序
（3）	是	如果拟利用内部审计人员的特定工作，注册会计师应当评价内部审计人员的特定工作并实施审计程序，以确定该工作是否足以实现审计目的

第十二套试题参考答案及解析

一、单项选择题

1. 【正确答案】D

【答案解析】选项 D 错误。例如，航空公司用于维护航班时刻表的自动化控制系统，一般与审计无关。

2. 【正确答案】C

【答案解析】扩展业务类型不代表具有重大错报风险。

3. 【正确答案】D

【答案解析】选项 A，要考虑治理层的参与程度，治理层对控制环境的影响要素包括治理层相对于管理层的独立性；选项 B，管理层负责企业的运作以及经营策略和程序的制定、执行与监督，管理层的理念包括管理层对内部控制的理念；选项 C，在确定控制环境的要素是否得到执行时，通过询问管理层和员工，注册会计师可能了解管理层如何就业务规程和道德价值观念与员工进行沟通；选项 D，对控制的监督和控制环境都属于内部控制所包括的要素，所以对控制的监督并不是了解控制环境时应该关注的内容。

4. 【正确答案】D

【答案解析】了解法律环境与监管环境，具体而言，注册会计师可能需要了解以下情况：（1）国家对某一行业的企业是否有特殊的监管要求；（2）是否存在新出台的法律法规，对被审计单位有何影响；（3）国家货币、财政、税收和贸易等方面政策的变化是否会对被审计单位的经营活动产生影响；（4）与被审计单位相关的税务法规是否发生变化。

5. 【正确答案】C

【答案解析】选项 A 为外部因素；选项 B、D 为内部因素；选项 C，被审计单位财务业绩的衡量和评价既有内部因素，也有外部因素。

6. 【正确答案】D

【答案解析】按照准则的规定，选项 D 属于被审计单位性质中的投资活动而不属于经营活动。

7. 【正确答案】D

【答案解析】注册会计师可以考虑向管理层和财务负责人询问下列事项：（1）管理层所关注的主要问题；（2）被审计单位最近的财务状况、经营成果和现金流量；（3）可能影响财务报告的交易和事项，或者目前发生的重大会计处理问题；（4）被审计单位发生的其他重要变化，如所有权结构、组织结构的变化，以及内部控制的变化等。

8.【正确答案】B

【答案解析】B选项，即使是小型的被审计单位，也需要进行风险评估，了解其环境。

9.【正确答案】D

【答案解析】本题考查的是风险评估程序。分析程序不用来了解内部控制，注册会计师应当进行穿行测试来了解内部控制的设计和执行。

10.【正确答案】C

【答案解析】重大未披露的关联交易为特别风险。

11.【正确答案】C

【答案解析】选项C描述的是针对财务报表进行沟通的事项。

12.【正确答案】D

【答案解析】风险评估程序通常包括观察、检查、分析程序、询问以及穿行测试（用于风险评估中了解内部控制）。

13.【正确答案】A

【答案解析】如果不确定一个或多个错报是否明显微小，就不能认为这些错报是明显微小的。

14.【正确答案】C

【答案解析】选项A、B、D为审计范围考虑事项。

15.【正确答案】D

【答案解析】选项A、B可能引起注册会计师要求变更约定条款，选项C不会引起业务约定条款的更改，属于被审计单位的会计业务。

16.【正确答案】A

【答案解析】注册会计师应当在总体审计策略中清楚地说明审计资源的规划和调配，包括确定执行审计业务所必需的审计资源的性质、时间安排和范围。

17.【正确答案】D

【答案解析】本题考查的是总体审计策略和具体审计计划。选项D为具体审计计划应考虑的内容。

18.【正确答案】A

【答案解析】选项B描述的是固有风险，并不能够说重大错报风险等于固有风险；选项C、D强调重大错报风险。

19.【正确答案】B

【答案解析】检查风险是指某一认定存在错报，该错报单独或连同其他错报是重大的，但注册会计师未能发现这种错报的可能性。检查风险取决于注册会计师审计程序设计的合理性和执行的有效性。

20.【正确答案】B

【答案解析】本题考核的是审计风险。财务报表层次的重大错报风险与财务报表整体存在广泛联系，此类风险通常与控制环境有关。内控的好坏是影响财务报表层次重大错报风险评估的直接因素，选项ACD都是相对具体的，针对某类具体项目层次的。

二、多项选择题

1.【正确答案】ACD

【答案解析】实际执行的重要性，是指注册会计师确定的低于财务报表整体重要性的一个或多个金额，旨在将未更正和未发现错报的汇总数超过财务报表整体的重要性的可能性降至适当的低水平。如果适用，实际执行的重要性还指注册会计师确定的低于特定类别的交易、账户余额或披露的重要性水平的一个或多个金额。在实际执行审计程序的过程中，要保持合理的谨慎。

2.【正确答案】ABCD

【答案解析】较小金额错报的累积结果，也可能对财务报表产生重大影响。

3.【正确答案】ABD

【答案解析】本题考查的是审计的前提条件。如果管理层不认可其承担的责任，或不同意提供书面声明，注册会计师将不能获取充分、适当的审计证据。在这种情况下，注册会计师不应承接此类审计业务，除非法律法规另有规定。

4.【正确答案】ACD

【答案解析】本题考查的是审计业务约定书。审计业务约定书的具体内容和格式可能会因被审计单位的不同而不同的，具体单位需要具体考虑，但是一般基本内容都包括在内。

5.【正确答案】ABD

【答案解析】选项 C，确定一项分类错报是否重大，需要进行定性评估。某些情况下，即使分类错报超过了在评价其他错报时运用的重要性水平，注册会计师可能仍然认为该分类错报对财务报表不产生重大影响。"分类错报超过重要性水平，但不构成重大错报"的可能情况有：没有将未来一年内到期的长期待摊费用重分类到流动资产项目，这个错报对报表的总资产并没什么影响，对报表使用者也不会产生什么大的影响。"不大可能被其他错报抵消"如何理解？能够错报抵消的有：收入存在高估，成本也存在高估，那么收入减成本，对利润的影响很小，这就是抵消作用。

6.【正确答案】AC

【答案解析】选择较高财务报表整体重要性的情况：（1）连续审计，以前年度审计调整较少；（2）项目总体风险为低到中等；（3）以前期间的审计经验表明内部控制运行有效。

7.【正确答案】ACD

【答案解析】为获取充分、适当的审计证据，而确定审计程序的性质、时间安排和范围的决策是具体审计计划的核心。

8.【正确答案】ABCD

【答案解析】初步业务活动的内容：（1）针对保持客户关系和具体审计业务实施相应的质量控制程序；（2）评价遵守职业道德要求的情况；（3）就审计业务约定条款达成一致意见。另外，在首次接受委托的情况下，获得被审计单位同意与前任注册会计师沟通也是初步业务活动的内容。

9.【正确答案】BCD

【答案解析】企业的盈利水平保持稳定，注册会计师通常可以选择的基准是经常性业务的税前利润。

10.【正确答案】ABD

【答案解析】注册会计师在计划审计工作时可以根据实际执行的重要性确定需要对哪些类型的交易、账户余额和披露实施进一步审计程序，即通常选取金额超过实际执行的重要性的财务报表项目。因为这些财务报表项目有可能导致财务报表出现重大错报。但是，这不代表注册会计师可以对所有金额低于实际执行的重要性的财务报表项目不实施进一步审计程序。

三、判断分析题

1.【正确答案】×

【答案解析】属性抽样是一种用来对总体中某一事件发生率得出结论的统计抽样方法，一般用于控制测试中。变量抽样是一种用来对总体金额得出结论的统计抽样方法，主要用途是进行细节测试。一般而言，属性抽样得出的结论与总体发生率有关，而变量抽样得出的结论与总体的金额有关。

2.【正确答案】×

【答案解析】如果注册会计师高估了总体规模和编号范围，选取的样本中超出实际编号的所有数字都被视为未使用单据。在这种情况下，注册会计师要用额外的随机数代替这些数字，以确定对应的适当单据，所以不正确。

3.【正确答案】×

【答案解析】审计工作底稿是审计证据的载体。

4.【正确答案】×

【答案解析】按规定，电子形式存在的工作底稿转换成纸质工作底稿后，与其他纸质工作底稿一并归档，并单独保存电子形式的工作底稿。

5.【正确答案】√

6.【正确答案】√

7.【正确答案】×

【答案解析】了解被审计单位及其环境是必要程序，能够为注册会计师做出职业判断提供重要基础。

8.【正确答案】√

9.【正确答案】×

【答案解析】管理层应对特别风险的控制，不信赖则无须进行测试。

10.【正确答案】√

四、简答题

1. 同时存在下列情况时，注册会计师可以考虑采用消极的函证方式：

（1）重大错报风险评估为低水平。

（2）涉及大量余额较小的账户。

（3）预期不存在大量的错报。

（4）没有理由相信被询证者不认真对待函证。

2．注册会计师评价内部审计的客观性时要考虑的因素：

（1）内部审计在被审计单位中的地位，以及这种地位对内部审计人员保持客观性能力的影响。

（2）内部审计是否向治理层或具备适当权限的高级管理人员报告工作，以及内部审计人员是否直接接触治理层。

（3）内部审计人员是否承担任何相互冲突的责任。

（4）治理层是否监督与内部审计相关的人事决策。

（5）管理层或治理层是否对内部审计施加任何约束或限制。

（6）管理层是否根据内部审计的建议采取行动，在多大程度上采取行动，以及如何采取行动。

3．（1）将截止日之前入库的原材料以及截止日之后装运出库的产成品排除在盘点范围之外是不妥的。因为任何在截止日之前入库的原材料和截止日以后装运出库的存货项目均应包括在盘点范围内。

（2）完整的存货存放地点清单应包括期末存货量为零的仓库、租赁的仓库，以及第三方代被审计单位保管存货的仓库等。

（3）要求按可变现净值降低的金额计提存货跌价准备不妥。按规定，仅当可变现净值低于账面成本的情况下才可能将两者的差额计提为跌价准备。

（4）监盘结束时观察存货的目的不妥当。注册会计师在存货监盘结束时再次观察盘点现场的目的是确定所有应纳入盘点范围的存货是否均已盘点。

（5）监盘结束时取得并检查盘点表单的范围不妥。除了已填用及未使用的盘点表单，还应取得并检查作废的表单，否则无法确认编号的连续性。

（6）对第三方保管的存货，首先应当考虑实施函证程序，在此基础上，考虑是否实施追加或实施替代审计程序。

4．情况（1）不符合。A 注册会计师没有评价 ABC 事务所是否具备承接该项审计业务的专业胜任能力。

情况（2）不符合。处理客户投诉属于对执业质量的监控。B 注册会计师担任项目质量控制复核人，不能兼任针对本项目的监控职责。

情况（3）不符合。项目质量控制复核人与项目合伙人讨论重大审计决策，可能损害项目质量控制复核人员的客观性。

情况（4）不符合。在项目合伙人复核审计工作底稿之前完成项目质量控制复核，无法复核审计项目组在审计完成阶段做出的进一步重大职业判断以及与准备审计报告相关的结论。

情况（5）不符合。如果管理层不接受审计调整建议，项目合伙人应当出具恰当的非无保留意见审计报告。

情况（6）不符合。出具审计意见后，项目质量控制复核应当由其他会计师事务所的注册会计师实施。

五、案例分析

1. 具体分析详见表 1。

表 1　实质性程序是否恰当及理由

事项序号	实质性程序是否恰当（是/否）	理由
（1）	否	选取特定项目的细节测试不能为剩余总体提供审计证据，剩余总体可能存在重大错报，应对剩余总体实施其他审计程序
（2）	否	仅凭丙公司提供的其他证据无法证实供应商对账单的可靠性。A 注册会计师还应当与供应商直接沟通，以证实供应商对账单的可靠性
（3）	否	从存货存放地点清单追查到出库单，不能证实存货存放地点清单的完整性

2. （1）资料 1，具体分析详见表 2。

表 2　重大风险及认定层次

事项序号	是否可能存在重大错报风险（是/否）	理由	风险的层次（财务/认定）	财务报表项目及相关认定
（1）	是	由于 2017 年管理层薪酬与销量目标的完成情况直接挂钩，为提高销量，管理层可能高估主营业务收入，这表明主营业务收入可能存在高估的错报	认定层次	主营业务收入/发生
（2）	是	家电产品价格频繁变化可能导致主营业务收入的计价出现错报	认定层次	主营业务收入/准确性
（3）	是	由销售经理兼任信用管理部门负责人，使销售部门失去了制约，降低了对顾客赊销信用的监督，增加了发生坏账的可能性	认定层次	应收账款/计价和分摊

（2）资料 2，具体分析详见表 3。

表 3　重大错误是否有效及理由

资料 2 所列实质性程序序号	所列实质性程序对发现根据资料 1 识别的认定层次重大错报是否直接有效	与资料 1 的第几个事项的认定层次重大错报风险直接相关	理由
（1）	否	—	—
（2）	是	（2）	追查销售发票上的详细信息至发运凭证、经批准的商品价目表和客户订购单，可以发现在商品价格频繁变换的情况下，因没及时使用最新商品价目表而出现的价格错误
（3）	否	—	—

第十三套试题参考答案及解析

一、单项选择题

1.【正确答案】C

【答案解析】本题考查的是审计的前提条件。会计师事务所应首先开展初步业务活动，判断是否接受委托，然后制订审计计划，选项 A 不正确。在计划审计工作时确定重要性水平，选项 B 不正确。初步业务活动的目的为：第一，具备执行业务所需的独立性和能力；第二，不存在因管理层诚信问题而可能影响注册会计师保持该项业务的意愿的事项；第三，与被审计单位之间不存在对业务约定条款的误解。选项 C 正确。为客户的商业机密保密属于签订业务约定书时注册会计师应遵守的义务，选项 D 不正确。

2.【正确答案】D

【答案解析】以售后回购方式销售商品，不应确认收入，被审计单位隐瞒回购协议而确认收入，会增加税负。

3.【正确答案】C

【答案解析】在控制测试中，注册会计师要仔细定义所要测试的控制及可能出现偏差的情况，在细节测试中，注册会计师要确定哪些情况构成错报。所以在控制测试中，误差是指控制偏差，在细节测试中，误差是指错报。

4.【正确答案】B

【答案解析】在非统计抽样中，由于没有可以计量的风险允许限度，但在评价时要考虑该抽样风险因素，所以如果样本偏差率接近于可容忍偏差率，考虑了抽样风险，样本偏差率可能会高于可容忍偏差率，则总体不可以接受；如果样本偏差率低于可容忍偏差率，相差不大也不小，注册会计师应考虑扩大样本规模，进一步收集证据。

5.【正确答案】C

【答案解析】选项 C，不管是统计抽样还是非统计抽样，在具体实施的过程中都离不开注册会计师的职业判断。

6.【正确答案】B

【答案解析】本题考查的是传统变量抽样。

样本平均差额=（350-500）/120=-1.25（万元）

推断的总体差额=-1.25×1 000=-1 250（万元）

推断的总体实际余额=-1 250+20 000=18 750（万元）

7.【正确答案】B

【答案解析】由于支票的丢失属于内部控制存在缺陷，应当视为一种误差，查明原因。

8.【正确答案】D

【答案解析】无论在控制测试还是细节测试中，抽样风险都分为两种：一类影响审计效果，另一类影响审计效率。在使用统计抽样时，注册会计师可以准确地计量和控制抽样风险，在使用非统计抽样时，注册会计师无法量化抽样风险。所以选项 D 不严谨。

9.【正确答案】D

【答案解析】审计抽样包括统计抽样和非统计抽样，无论采用何种方法，都要求注册会计师在设计、实施和评价样本时运用职业判断，选项 D 不正确。

10.【正确答案】C

【答案解析】本题考查的是审计抽样的基本概念。误受风险是指抽样结果表明账户余额不存在重大错报而实际上存在重大错报的可能性。由于重要性水平为 100 万元，根据抽样结果推断的差错额为 65 万元，而账户的实际差错额为 120 万元，所以注册会计师承担的是误受风险，故选项 C 是正确答案。

11.【正确答案】B

【答案解析】选项 AC 属于控制测试中的抽样风险；细节测试中的抽样风险包括误受风险和误拒风险，其中误受风险影响的是审计效果，容易导致注册会计师发表不恰当的审计意见；误拒风险影响的是审计效率，注册会计师会将不存在重大错报的认为存在重大错报而扩大细节测试的范围，所以会影响审计效率，但一般不会导致发表不恰当的审计意见。

12.【正确答案】D

【答案解析】注册会计师通常通过实施下列程序，了解销售和收款循环的业务活动和相关内部控制：

（1）询问参与销售与收款流程各业务活动的被审计单位人员，一般包括销售部门、仓储部门和财务部门的员工和管理人员；

（2）获取并阅读企业的相关业务流程或内部控制手册等资料；

（3）观察销售与收款流程中特定控制的运用，如观察仓储部门人员是否以及如何将装运的商品与销售单上的信息进行核对；

（4）检查文件资料，如检查销售单、发运凭证、客户对账单等；

（5）实施穿行测试，即追踪销售交易从发生到最终被反映在财务报表中的整个处理过程。例如，选取一笔已收款的销售交易，追踪该笔交易从接受客户订购单直至收回货款的整个过程。

13.【正确答案】D

【答案解析】选项 ABC，是与销售交易类别相关的常见主要凭证和会计记录。

14.【正确答案】A

【答案解析】请购单与验收及入库单是采购与付款循环涉及的主要凭证，选项 A 不正确。

15.【正确答案】C

【答案解析】销售发票是根据经过批准的销售单、发运凭证、商品价目表等开具的，其本身不需要审批。

16.【正确答案】B

【答案解析】为了降低开具发票过程中出现遗漏、重复、错误计价或其他差错的风险，通常需要设立以下控制：

（1）负责开发票的员工在开具每张销售发票之前，检查是否存在发运凭证和相应的经批准的销售单；

（2）依据已授权批准的商品价目表开具销售发票；

（3）将发运凭证上的商品总数与相对应的销售发票上的商品总数进行比较。

17.【正确答案】D

【答案解析】记录销售的控制程序包括但不限于：

（1）依据有效的发运凭证和销售单记录销售。这些发运凭证和销售单应能证明销售交易的发生及其发生的日期。

（2）使用事先连续编号的销售发票并对发票使用情况进行监控。

（3）独立检查已销售发票上的销售金额与会计记录金额的一致性。

（4）记录销售的职责应与处理销售交易的其他功能相分离。

（5）对记录过程中所涉及的有关记录的接触权限予以限制，以减少未经授权批准的记录发生。

（6）定期独立检查应收账款的明细账与总账的一致性。

（7）由不负责现金出纳和销售及应收账款记账的人员定期向客户寄发对账单，对不符事项进行调查，必要时调整会计记录，编制对账情况汇总报告并交管理层审核。

18.【正确答案】A

【答案解析】选项 A 不属于销售与收款循环。

19.【正确答案】B

【答案解析】企业应当按客户设置应收账款台账而不是按照产品设置，所以选项 B 存在设计缺陷。

20.【正确答案】C

【答案解析】选项 C 不恰当，注册会计师通过实施风险评估程序了解到，被审计单位所处行业竞争激烈并伴随着利润率的下降，而管理层过于强调提高被审计单位利润水平的目标，则注册会计师需要警惕管理层通过实施舞弊高估收入，从而高估利润的风险。

二、多项选择题

1.【正确答案】BD

【答案解析】B 选项是控制测试，误差是指偏差而不是错报。D 选项是细节测试，误差是指错报，并且应将错报定义为发票和账面金额不符的情况。

2.【正确答案】ABC

【答案解析】通常，应收账款账龄分析表按月编制，反映月末应收账款总额的账龄区间，并详细反映每个客户月末应收账款金额和账龄。

3.【正确答案】ABD

【答案解析】可容忍错报影响的是细节测试的样本规模。

4.【正确答案】ABC

【答案解析】本题考查的是审计抽样的基本原理和步骤。总体变异性是指总体中金额相差的大小。因为控制测试是测试内部控制是否得到有效执行，得到的结论是"是"或"否"，并不会涉及金额的问题，所以在确定样本规模时不需要考虑总体变异性。

5.【正确答案】ABCD

【答案解析】四个选项均正确。

6.【正确答案】ABC

【答案解析】本题考查的是在细节测试中使用非统计抽样方法。在非统计抽样中，根据样本中发现的错报金额推断总体错报金额的方法主要有：比率法和差异法。

7.【正确答案】BC

【答案解析】选项 A，不管是使用统计抽样或是非统计抽样，在选取样本项目时，注册会计师都应当使总体中的每个抽样单元都有被选取的机会。选项 D，系统选样法适用于非统计抽样，也适用于总体随机分布的统计抽样。

8.【正确答案】AC

【答案解析】选项 B，预期误差越小，需选取的样本规模越小；选项 D，在控制测试中，无须考虑总体变异性。

9.【正确答案】ACD

【答案解析】抽样不适宜用在询问、观察和分析程序上。

10.【正确答案】ABCD

【答案解析】本题考查的是概率比例规模抽样。以上四个选项均正确。

三、判断分析题

1.【参考答案】×

【答案解析】低估表示应付账款记录不完整，低估的部分没有记录在账上，因此测试已记录的应付账款是查不出被低估的部分。如果测试应付账款的低估，相关的审计程序可能是测试期后支出、未支付发票、供应商结算单等。

2.【参考答案】√

3.【参考答案】√

4.【参考答案】×

【答案解析】注册会计师应当对银行存款（包括零余额账户和在本期内注销的账户）实施函证。

5.【参考答案】×

【答案解析】将截止日提前，就是为了能在资产负债表日前实施函证程序。函证是以账簿记录为基础的，故只能在截止日之后才能产生并获得截止日的账簿记录。

6.【参考答案】×

【答案解析】在特殊情况下，如果限制条款产生的影响难以确定，注册会计师可能认为要求被询证者澄清或寻求法律意见是适当的。

7.【参考答案】√

8.【参考答案】×

【答案解析】企业的该项内部控制要求授权人应当在付款单上签字，所以所有的付款单应当是注册会计师定义的抽样总体。该项内部控制同时要求授权人针对每笔款项进行审查，所以将付款单上的每笔款项作为抽样单元效率更高。

9.【参考答案】√

【答案解析】在细节测试中，注册会计师首先必须根据样本中发现的实际错报要求被审计单位调整账面记录金额。将被审计单位已更正的错报从推断的总体错报金额中减掉，注册会计师应当将调整后的推断总体错报与该类交易或账户余额的可容忍错报相比较，但必须考虑抽样风险。

10.【参考答案】√

【答案解析】在细节测试中计划抽样时，注册会计师应当对单个重大项目逐一实施检查。单个重大项目包括那些潜在错报可能超过可容忍错报的所有单个项目，以及异常的余额或交易。注册会计师进行单独测试的所有项目都不构成抽样总体。

四、简答题

1. 含义：内部控制是指被审计单位为了合理保证财务报告的可靠性、经营的效率和效果以及对法律法规的遵守，由治理层、管理层和其他人员设计和执行的政策及程序。

目标：内部控制的目标是合理保证：（1）财务报告的可靠性，这一目标与管理层履行财务报告编制责任密切相关。（2）经营的效率和效果，即经济有效地使用企业资源，以最优方式实现企业的目标。（3）遵守适用的法律法规的要求，即在法律法规的框架下从事经营活动。

要素：（1）控制环境；（2）风险评估过程；（3）控制活动；（4）与财务报告相关的信息系统与沟通；（5）对控制的监督。

2. 在期中实施实质性程序应考虑的因素：

（1）控制环境和其他相关的控制。

（2）实施审计程序所需信息在期中之后的可获得性。

（3）实质性程序的目的。

（4）评估的重大错报风险。

（5）特定类别交易或账户余额以及相关认定的性质。

（6）针对剩余期间，能否通过实施实质性程序或将实质性程序与控制测试相结合，降低期末存在错报而未被发现的风险。

3.（1）恰当。免责条款不影响函证回函的可靠性。

（2）不恰当。对以电子形式收到的回函（如电子邮件），注册会计师和回函者应采用一定的程序为电子形式的回函创造安全环境，以降低该风险。必要时，注册会计师可以要求被询证者提供回函原件。

（3）不恰当。注册会计师不能直接信赖被审计单位的口头解释，应做进一步分析和核实，注册会计师应检查资产负债表日后的银行进账单和银行对账单。

（4）不恰当。小额差异也需要进行调查。

（5）不恰当。当注册会计师跟函有被审计单位的员工陪伴时，需要在整个过程中对询证函保持控制。跟函期间，A 注册会计师在会客室等待，而甲公司财务负责人在财务部门，可能存在被审计单位和被询证者串通舞弊的风险。

（6）不恰当。询证函应是由被审计单位盖章，询证函没有催收应收账款的作用。

4.（1）违反。A注册会计师担任关键审计合伙人5年轮换后，2017年报表审计时仍处于冷却期内，再次担任该客户的关键审计合伙人需要在2年后，否则因密切关系违反职业道德守则。

（2）违反。因企业合并导致乙公司成为ABC事务所的审计客户关联方，B注册会计师担任审计客户关联方（乙公司）的独立董事，因自我评价、密切关系、自身利益违反职业道德守则，调离项目组也仍会对职业道德产生影响。

（3）违反。A注册会计师所在分部的其他合伙人在审计客户中拥有直接经济利益，因自身利益违反职业道德守则。

（4）违反。审计项目组成员的主要近亲属（其妻子）是审计客户（关联实体）的高级管理人员，其岗位职责对财务报表产生重大影响，因密切关系违反职业道德守则。

（5）不违反。审计项目组成员曾在审计客户（甲公司）负责员工的培训工作，其岗位职责对财务报表不产生重大影响，不存在自我评价影响独立性而违反职业道德守则。

（6）违反。ABC事务所和XYZ事务所属于网络事务所，XYZ事务所承担会计信息系统设计服务和内部审计属于承担审计客户管理层职责，因自我评价违反职业道德守则。

五、案例分析

1. 具体分析详见表1。

表1　重大错报风险理由及认定

事项序号	是否可能存在重大错报风险（是/否）	理由	相关认定
（1）	是	采购经理和财务经理被举报有舞弊行为，挪用货币资金可能导致货币资金存在重大错报风险	货币资金/存在
（2）	是	甲公司2017年年初增设10个销售服务处，预计2017年度办公室租金应当较2016年有所增长。但甲公司2017年度办公室租金反而比2016年度减少35万元，可能存在少计销售费用的错报	销售费用/完整性
（3）	是	新的财务信息系统运行不稳定，可能导致财务报表整体存在错报	—
（4）	是	与资产相关的政府补助，在取得时可以先确认为递延收益，然后在相关资产使用寿命内按照合理、系统的方法分期计入损益。但报表中显示营业外收入——政府补助为300万元，可能存在营业外收入高估的重大错报风险	营业外收入/发生

2. 具体分析详见表2。

表 2　控制运行是否有效的理由

序号	控制运行是否有效（是/否）	理由
（1）	否	财务经理在 2017 年 10 月后就没有再生成和阅读销售交易发生和记录的专门报告，控制没有得到一贯执行
（2）	否	信用管理部门负责人对于超过信用额度的业务进行审批，属于越权审批，因此该项内部控制未能有效运行
（3）	否	抽取的样本中的 5 个样本未经客户签字确认，该控制未得到一贯执行

第十四套试题参考答案及解析

一、单项选择题

1. 【正确答案】D

【答案解析】选项 D 符合会计准则。

2. 【正确答案】C

【答案解析】可接受的抽样风险在细节测试中主要指的就是可接受的误受风险，与样本规模呈反向变动；可容忍误差在细节测试中就是可容忍错报，与样本规模呈反向变动；预计总体误差在细节测试中就是预计总体错报，与样本规模呈同向变动；总体变异性是总体的某一特征在各项目之间的差异程度，与样本规模呈同向变动。

3. 【正确答案】C

【答案解析】选项 C 属于正常现象。

4. 【正确答案】C

【答案解析】在收入确认领域，注册会计师可以实施的分析程序包括：

（1）将本期销售收入金额与以前可比期间的对应数据或预算数进行比较；

（2）分析月度或季度销售量变动趋势；

（3）将销售收入变动幅度与销售商品及提供劳务收到的现金、应收账款、存货、税金等项目的变动幅度进行比较；

（4）将销售毛利率、应收账款周转率、存货周转率等关键财务指标与可比期间数据、预算数或同行业其他企业数据进行比较；

（5）分析销售收入等财务信息与投入产出率、劳动生产率、产能、水电能耗、运输数量等非财务信息之间的关系；

（6）分析销售收入与销售费用之间的关系，包括销售人员的人均业绩指标、销售人员薪酬、差旅费用、运费，以及销售机构的设置、规模、数量、分布等。

5. 【正确答案】B

【答案解析】选项 B，注册会计师可以分析具体原因，并在必要时采取恰当的措施，如扩大函证比例、增加截止测试和期后收款测试的比例等。

6. 【正确答案】D

【答案解析】选项 D 可能适用于高度自动化的情况。

7. 【正确答案】B

【答案解析】选项 B 不恰当，是针对坏账准备的计提可能不充分的错报环节。

8. 【正确答案】D

【答案解析】选项 ABC 均正确，注册会计师对销售交易实施的截止测试可能包括以下程序：

（1）选取资产负债表日前后若干天的发运凭证，与应收账款和收入明细账进行核对；同时，从应收账款和收入明细账选取在资产负债表日前后若干天的凭证，与发运凭证核对，以确定销售是否存在跨期现象。

（2）复核资产负债表日前后销售和发货水平，确定业务活动水平是否异常，并考虑是否有必要追加实施截止测试程序。

（3）取得资产负债表日后所有的销售退回记录，检查是否存在提前确认收入的情况。

（4）结合对资产负债表日应收账款的函证程序，检查有无未取得对方认可的销售。

9.【正确答案】D

【答案解析】如果注册会计师认为被审计单位存在通过虚假销售做高利润的舞弊风险，可能采取一些非常规的审计程序应对该风险，例如：

（1）调查被审计单位客户的工商登记资料和其他信息，了解客户是否真实存在，其业务范围是否支持其采购行为。

（2）检查与已收款交易相关的收款记录及原始凭证，检查付款方是否为销售交易对应的客户。

（3）考虑利用反舞弊专家的工作，对被审计单位和客户的关系及交易进行调查。对于与关联方发生的销售交易，注册会计师要结合对关联方关系和交易的风险评估结果，实施特定的审计程序。

10.【正确答案】A

【答案解析】选项 A，可以为营业收入的完整性认定提供审计证据。

11.【正确答案】B

【答案解析】销售折让影响销售收入，也是对销售收入的抵减，选项 B 错误。

12.【正确答案】D

【答案解析】回收的旧商品应当按购进商品处理，而不是将回收旧商品的成本作为营业成本，选项 D 错误。

13.【正确答案】A

【答案解析】应收账款必须进行函证。

14.【正确答案】B

【答案解析】注册会计师选择函证项目时，除了考虑金额较大的项目，也需要考虑风险较高的项目。例如：账龄较长的项目；与债务人发生纠纷的项目；重大关联方项目；主要客户（包括关系密切的客户）项目；新增客户项目；交易频繁但期末余额较小甚至余额为零的项目；可能产生重大错报或舞弊的非正常的项目。

15.【正确答案】D

【答案解析】对未回函项目实施替代程序。如果未收到被询证方的回函，注册会计师应当实施替代审计程序。例如：

（1）检查资产负债表日后收回的货款，值得注意的是，注册会计师不能只查看应收账款的贷方发生额，还要查看相关的收款单据，以证实付款方确为该客户且确与资产负债表日的应收账款相关。

（2）检查相关的销售合同、销售单、发运凭证等文件。注册会计师需要根据被审计单位的收入确认条件和时点，确定能够证明收入发生的凭证。

（3）检查被审计单位与客户之间的往来邮件，如有关发货、对账、催款等事宜邮件。

16.【正确答案】C

【答案解析】在设计营业收入发生目标和完整性目标时，需特别注意追查凭证的起点和测试方向，在测试其他目标时，方向一般无关紧要，选项C正确。

17.【正确答案】A

【答案解析】营业外收入是非日常活动的利得，与营业收入不相关，选项A不正确。

18.【正确答案】B

【答案解析】截止测试一般有两条审计路径：一是以账簿记录为起点；二是以发运凭证为起点。

19.【正确答案】C

【答案解析】经过一年的时间，账龄会增长一年。2018年，3年以上账龄的应收账款来源于2017年年末2～3年账龄的应收账款和3年以上账龄的应收账款的余额。

20.【正确答案】A

【答案解析】选项B、C和选项D与应收账款的完整性认定相关。

二、多项选择题

1.【正确答案】BD

【答案解析】选项B从原始凭证查到明细账，主要与应收账款的完整性认定相关；选项D与应收账款的权利和义务认定相关。

2.【正确答案】ABC

【答案解析】D选项，发生额外的成本不属于一种优点。

3.【正确答案】ABD

【答案解析】选项A，与存货的存在认定直接相关，防止仓库在未经授权的情况下擅自发货；选项B，与营业收入的准确性认定直接相关，防止开具销售发票的人员修改开票系统中已设置好的商品价目表；选项D，与应收账款的计价和分摊认定直接相关，防止坏账损失计提不准确。

4.【正确答案】ABD

【答案解析】被审计单位销售交易的业务流程通常应是：接受客户订购单—批准赊销信用—根据销售单编制发运凭证并供货—按销售单及发运凭证装运货物—开具销售发票。

5.【正确答案】BCD

【答案解析】通常发货后，才能确认主营业务收入和应收账款，选项A存在设计缺陷。

6.【正确答案】CD

【答案解析】不负责现金出纳和销售及应收账款记账的人员按月向客户寄发对账单，能促使客户在发现应付账款余额不正确后及时反馈有关信息。为了使这项控制更加有效，最好将账户余额中出现的所有核对不符的账项，指定一位既不掌管货币资金也不记录主营业务收入和应收账款的主管人员处理，然后由独立人员按月编制对账情况汇总报告并交管理层审阅。

7.【正确答案】ACD

【答案解析】选项 B 不恰当，主营业务收入账系由记录应收账款之外的员工独立登记，并由另一位不负责账簿记录的员工定期调节总账和明细账，构成一项交互牵制。

8.【正确答案】ABC

【答案解析】对授权审批范围设定权限的目的在于防止因审批人决策失误而造成严重损失。

9.【正确答案】BCD

【答案解析】企业在销售合同订立前，应当指定专门人员就销售价格、信用政策、发货及收款方式等具体事项与客户进行谈判。谈判人员至少应有两人以上，并与订立合同的人员相分离。

10.【正确答案】ABC

【答案解析】选项 D 不恰当，对凭证预先进行编号，旨在防止销售以后遗漏向客户开具发票或登记入账，也可防止重复开具发票或重复记账。

三、判断分析题

1.【参考答案】×

【答案解析】按内容和目的的不同，审计可分为财务报表审计、经营审计和合规性审计。

2.【参考答案】×

【答案解析】经营失败可能会导致审计失败。

3.【参考答案】√

4.【参考答案】×

【答案解析】如果控制执行的频率越高，则控制测试的范围越大。

5.【参考答案】×

【答案解析】开户银行批准。

6.【参考答案】×

【答案解析】注册会计师无须承担法律责任。

7.【参考答案】×

【答案解析】了解内部控制的深度不仅要评价控制的设计，还要确定已设计的内部控制是否得到执行。

8.【参考答案】√

9.【参考答案】×

【答案解析】可以查看连续编号情况。

10.【参考答案】×

【答案解析】函证不能查找完整性。

四、简答题

1. 审计业务的三方关系：

（1）审计业务三方关系人分别指注册会计师、被审计单位管理层（责任方）和预期使用者。

（2）审计业务三方之间的关系是，注册会计师对由被审计单位管理层（责任方）负责编制的财务报表实施审计工作、获取审计证据、形成审计结论、发表审计意见，以增强除管理层（责任方）之外的财务报表预期使用者对财务报表的信赖程度。

（3）在审计业务三方关系中，管理层（责任方）与财务报表预期使用者可能是同一方，也可能不是同一方。

2. 实质性程序的含义：用于发现认定层次重大错报的审计程序，包括对各类交易、账户余额和披露的细节测试以及实质性分析程序。

实质性程序的性质：实质性程序的类型及其组合，包括细节测试和实质性分析程序。细节测试应用于存在、发生、计价认定等方面，目的在于直接识别财务报表认定是否存在错报。实质性分析程序应用于各类交易、账户余额和披露及其相关认定是否存在错报，更适用于在一段时间内存在可预期关系的大量交易。

3. 注册会计师在实施抽盘程序时如果发现差异，应考虑以下事项：

（1）注册会计师在实施抽盘程序时发现差异，很可能表明被审计单位的存货盘点在准确性或完整性方面存在错误。

（2）由于检查的内容通常仅仅是已盘点存货中的一部分，所以在检查中发现的错误很可能意味着被审计单位的存货盘点还存在着其他错误。

（3）注册会计师应当查明原因，并及时提请被审计单位更正；同时，应当考虑错误的潜在范围和重大程度，在可能的情况下，扩大检查范围以减少错误的发生。

（4）注册会计师还可以要求被审计单位重新盘点。重新盘点的范围可限于某一特殊领域的存货或特定盘点小组。

4.（1）不恰当。应当检查销售发票副联是否附有装运凭证和经批准的销售单。

（2）不恰当。谈判人员至少有两人。

（3）恰当。

（4）不恰当。针对向虚构的客户发货并作为销售交易登记入账的可能性，注册会计师应采用逆查的方式，检查主营业务收入明细账中与销售分录相应的原始单据。

（5）恰当。

五、案例分析

1. 具体分析详见表 1。

表 1　A 注册会计师的做法是否妥当及理由

事项序号	是否恰当（是/否）	理由
（1）	是	—
（2）	否	穿行测试不能为控制运行的有效性提供充分证据。穿行测试用于了解内部控制，还应当实施控制测试以评价甲公司相关控制运行的有效性
（3）	否	对于存货存放在多个地点的情况，注册会计师应当考虑存货存放地点清单的完整性，然后再对相关存货执行审计程序
（4）	否	外部专家应当遵守职业道德要求中的保密条款

2. （1）针对资料1，ABC公司在采购业务上存在以下内部控制缺陷：

① 采购部经理每月初，以定向集中采购方式采购电脑芯片的做法存在内部控制缺陷。电脑芯片采购属于公司重要和技术性较强的采购业务，应当组织相关专家进行论证，实行集体决策和审批。除此之外，由于每月电脑芯片购买数量较大，应按大宗采购处理，采用招标方式来采购，合理确定招投标的范围、标准、实施程序和评标规则。

② ABC公司缺乏采购申请制度，应当建立采购申请制度。ABC公司应依据购买物资或接受劳务的类型，确定归口管理部门，授予相应的请购权，明确相关部门或人员的职责权限及相应的请购和审批程序。

针对资料1，ABC公司在存货管理环节存在以下内部控制缺陷：

① 保管员负责登记芯片、电脑成品等存货明细账存在内部控制缺陷。存货的保管和记账职责未进行分离，存货的保管和记账属于不相容职务，应该由不同的人分别担任保管和记账职责。

② 仓库保管员收到和领用存货环节存在内部控制缺陷。仓库保管员收到存货时没有办理入库手续，而且领用原材料未进行审批控制。存货入库应该办理入库手续，同时领用原材料应该有审批制度。

③ ABC公司的存货盘点存在内部控制缺陷。仓库保管员有空闲时间会对存货进行实地盘点的做法错误。公司应当建立存货定期盘点制度，至少应每年年末开展盘点，结果应当形成书面报告。

（2）针对资料2，DEF公司在工程招标管理上存在以下不足之处：

① 企业应当采用公开招标方式，选择具有相应资质的承包商承接工程。而DEF公司只是"向几个承包商发出投标邀请书"。

② 企业应当依法组建评标委员会，由各方专家客观公正地提出评审意见。而DEF公司招标中，中标只由总经理一人进行评价，"以最低价者为标准选出中标者"。

第十五套试题参考答案及解析

一、单项选择题

1. 【正确答案】A

【答案解析】选项 B 与营业收入的发生认定最相关；选项 C 与营业收入的完整性认定直接相关；选项 D 与财务费用的发生认定直接相关。

2. 【正确答案】D

【答案解析】选项 D 不恰当，信息技术下数据本身的错误将导致财务信息错误的产生。

3. 【正确答案】B

【答案解析】选项 B 正确，中国注册会计师审计准则要求注册会计师基于收入确认存在舞弊风险的假定，评价哪些类型的收入、收入交易或认定导致舞弊风险。如果认为收入确认存在舞弊风险的假定不适用于具体情况，从而未将收入确认作为由于舞弊导致的重大错报风险领域，注册会计师应当在审计工作底稿中记录得出该结论的理由。

4. 【正确答案】B

【答案解析】选项 B 不恰当。假定收入确认存在舞弊风险，不意味着注册会计师应当将与收入确认相关的所有认定都假定为存在舞弊风险。

5. 【正确答案】A

【答案解析】选项 A 恰当，因风险为特别风险，拟从实质性程序中获取的保证程度为中，所以需从控制测试中获取的保证程度应为高。

6. 【正确答案】C

【答案解析】毛利率=1-营业成本/营业收入，营业收入=营业成本/（1-毛利率）=1 600/（1-30%）=2 286（万元）。

7. 【正确答案】C

【答案解析】选项 A 和选项 B，注册会计师在实施审计时，已获得 X 公司发出商品的证据，表明这些现销业务并非虚构，问题仅在于发出商品的会计期间与确认收入的会计期间不同，违反截止认定；选项 C 注册会计师在审计完成日无法获得 X 公司发出商品的证据，只能认为 X 公司在尚未发货的情况下确认现销收入，违反发生认定。选项 D 不违反任何认定。

8. 【正确答案】C

【答案解析】检查非记账本位币的主营业务收入使用的折算汇率及折算是否正确，针对的是营业收入的金额是否准确，因此与营业收入准确性认定相关。

9. 【正确答案】B

【答案解析】选项 B 恰当，如果重大错报风险评估为低水平，注册会计师可选择资产负债表日前适当日期为截止日实施函证，并对所函证项目自该截止日起至资产负债表日止发生的变动实施其他实质性程序。

10.【正确答案】B

【答案解析】2017 年末账龄为 2～3 年的应收账款是 2016 年末 1～2 年应收账款余额减去 2017 年度收回的部分应收账款之后的余额，不应当超过 2016 年末 1～2 年应收账款余额。如超过，表明存在差错。

11.【正确答案】A

【答案解析】注册会计师应当对应收账款实施函证程序，除非有充分证据表明应收账款对被审计单位财务报表而言是不重要的，或者函证很可能是无效的，选项 A 错误。

12.【正确答案】A

【答案解析】选项 BCD 是针对应收账款的完整性认定。

13.【正确答案】D

【答案解析】选项 ABC 都正确。

14.【正确答案】A

【答案解析】是否实施控制测试要看是否拟信赖内部控制。

15.【正确答案】B

【答案解析】观察是注册会计师察看被审计单位相关人员正在从事的活动，以获取审计证据的方法。

16.【正确答案】D

【答案解析】审计证据的可靠性受其来源和性质的影响，并取决于获取审计证据的具体环境。

17.【正确答案】C

【答案解析】审计工作通常不涉及鉴定文件的真伪，注册会计师也不是鉴定文件真伪的专家，但应当考虑用作审计证据信息的可靠性。

18.【正确答案】C

【答案解析】外部证据一般比内部证据可靠，所以选项 A 正确；被审计单位内部控制较好时所提供的内部证据，比内部控制较差时所提供的内部证据可靠，内部控制较好，则重大错报风险低，所以选项 B 正确；不同来源或性质的审计证据相互印证时，审计证据较具可靠性，所以选项 D 正确。

19.【正确答案】A

【答案解析】分析程序一般与约定审计事项无关。选项 B、D 是注册会计师在审计时必须运用的程序，选项 C 可选择使用。

20.【正确答案】C

【答案解析】在对内部控制的了解中，注册会计师一般不会运用分析程序，所以选项 C 错误。

二、多项选择题

1.【正确答案】ABC

【答案解析】选项 D 不属于。D 是企业会计准则允许的正确处理思路,针对舞弊手段来说,表述应为"在采用代理商的销售模式时,在代理商仅向购销双方提供帮助接洽、磋商等中介代理服务的情况下,按照相关购销交易的总额而非净额(扣除佣金和代理费等)确认收入"。

2.【正确答案】ABC

【答案解析】选项 D 不属于存在舞弊风险的迹象,存在的情况的表述应为"交易标的对交易对手而言不具有合理用途"。

3.【正确答案】ABC

【答案解析】选项 D 不恰当,与题干所述错报环节无关,是针对"可能在没有批准发货的情况下发出了商品"。

4.【正确答案】BCD

【答案解析】选项 A 不恰当,与题干所述错报环节无关,是针对"销售发票可能被记入不正确的应收账款明细账户"。

5.【正确答案】ABC

【答案解析】选项 D 不恰当,针对营业收入审计目标:确定利润表中记录的营业收入是否已发生,且与被审计单位有关(发生认定);确定所有应当记录的营业收入是否均已记录(完整性认定);确定与营业收入有关的金额及其他数据是否已恰当记录,包括对销售退回、销售折扣与折让的处理是否适当(准确性认定);确定营业收入是否已记录于正确的会计期间(截止认定);确定营业收入是否已按照企业会计准则的规定在财务报表中做出恰当的列报。

6.【正确答案】ABD

【答案解析】选项 C,不恰当,应为"将实际金额与期望值相比较,计算差异"。

7.【正确答案】ACD

【答案解析】采用预收账款销售方式,通常应于商品发出时确认收入。

8.【正确答案】ABC

【答案解析】选项 D 不恰当,应重大检查是否按照应收的合同或协议价款的公允价值确定销售商品收入金额,是否将应收的合同或协议价款与其公允价值之间的差额,在合同或协议期间内采用实际利率法进行摊销,计入当期损益。

9.【正确答案】BCD

【答案解析】程序 B 不一定能够为权利和义务或计价认定提供可靠的审计证据;程序 C 主要是针对内部控制实施的;程序 D 在任何情况下均不能获取充分、适当的审计证据。

10.【正确答案】ABC

【答案解析】在保证获取充分、适当的审计证据的前提下,控制审计成本也是会计师事务所增强竞争能力和获利能力所必需的。但为了保证得出的审计结论、形成的审计意见是恰当的,注册会计师不应将获取审计证据的成本高低和难易程度作为减少不可替代的审计程序的理由。

三、判断分析题

1.【参考答案】×

【答案解析】注册会计师通过了解被审计单位及其环境，获取审计证据评估财务报表重大错报风险，不是降低重大错报风险。

2.【参考答案】×

【答案解析】审计证据的质量存在缺陷，难以通过获取更多数量的审计证据来弥补。

3.【参考答案】×

【答案解析】注册会计师在评价未更正错报的影响时不需要考虑明显微小错报，需要从金额和性质方面与前期确定的重要性水平比较，以确定未更正错报是否重大。

4.【参考答案】√

【答案解析】为避免引起报告使用者的误解，对相关服务业务出具的报告不应提及原审计业务和在原审计中已执行的程序。只有将审计业务变更为执行商定程序业务，注册会计师才可在报告中提及已执行的程序。

5.【参考答案】×

【答案解析】收费的计算基础和收费安排属于审计业务约定书的特殊考虑，不属于基本内容。

6.【参考答案】√

7.【参考答案】×

【答案解析】一旦审计计划被更新和修改，审计工作也应该进行相应的修正。

8.【参考答案】√

9.【参考答案】×

【答案解析】以前年度审计调整越多，评估的项目总体风险越高，越应当确定一个较低水平的实际执行的重要性，通常为财务报表整体重要性的50%。

10.【参考答案】×

【答案解析】再好的内部控制也不能保证财务报表不存在任何错报。因此，管理层应设计、执行和维护必要的内部控制，以使财务报表不存在由于舞弊或错误导致的重大错报。

四、简答题

1. 风险评估是指对重大错报发生的可能性和后果严重程度进行评估。了解被审计单位及其环境是必要程序，特别是为注册会计师在下列关键环节做出职业判断提供重要基础：

（1）确定重要性水平，并随着审计工作的进程评估对重要性水平的判断是否仍然适当；

（2）考虑会计政策的选择和运用是否恰当，以及财务报表的列报是否适当；

（3）识别需要特别考虑的领域，包括关联方交易、管理层运用持续经营假设的合理性，或交易是否具有合理的商业目的等；

（4）确定在实施分析程序时所使用的预期值；

（5）设计和实施进一步审计程序，以将审计风险降至可接受的低水平；

（6）评价所获取审计证据的充分性和适当性。

2. 审计业务约定书发生变更的原因：（1）环境状况变化对审计服务的需求产生影响；（2）对原来要求的审计业务的性质存在误解；（3）无论是管理层施加的还是其他情况引起的

审计范围都受到限制。

其中，（1）、（2）属于合理理由，（3）属于不合理理由。

3.（1）债务人对积极式询证函不予答复的原因：

第一，债务人对所函证的内容故意不予回答；

第二，债务人可能未收到注册会计师的询证函；

第三，债务人可能并不存在（即被审计单位虚构客户）；

第四，由于其他原因（如投递原因）注册会计师未收到债务人的回函。

（2）如果注册会计师再次向债务人发出询证函，但是仍未得到答复，则应当实施函证的替代程序，即检查与销售业务有关的文件，包括客户订购单、销售单（或销售合同）、发运凭证、销售发票副本等，以证实这些应收账款是否存在。

4. 针对要求（1）：

（1）存在不当之处。针对存货存放在多个地点，审计项目组应当从管理层获取包括期末库存量为零的仓库、租赁的仓库，以及第三方代甲公司保管存货的仓库等在内的一份完整的存货存放地点清单，并考虑其完整性。在此基础上，根据不同地点所存放存货的重要性以及对各个地点与存货相关的重大错报风险的评估结果，选择适当的地点进行监盘，并记录选择这些地点的原因。

（2）存在不当之处。审计项目组应当取得受托代存存货的规格、数量等有关资料，确定是否已单独存放、标明，并且观察这些存货的实际存放情况，确保其未被纳入盘点范围。

（3）存在不当之处。对以标准规格包装箱包装的存货，审计项目组除根据包装箱的数量及每箱的标准容量计算存货的数量外，还应当通过预先编号的清单列表加以确定并抽样开箱检查。

（4）存在不当之处。针对因不可预见的情况，审计项目组如果无法在存货盘点现场实施监盘，应当另择日期实施监盘，并对间隔期间内发生的交易实施审计程序。

（5）存在不当之处。在存货监盘结束时，审计项目组应当再次观察盘点现场，以确定所有应纳入盘点范围的存货是否均已盘点，取得并检查已填用、作废及未使用盘点表单的号码记录，确定其是否连续编号，查明已发放的表单是否均已收回，并与存货盘点的汇总记录进行核对。

针对要求（2）：

审计项目组需要观察甲公司有关存货移动的控制程序是否得到执行。同时，可以向甲公司管理层索取盘点期间存货移动相关的书面记录以及出、入库资料作为执行截止测试的资料，从而为监盘结束的后续工作提供证据。

五、案例分析

1.（1）针对资料 1，具体分析详见表 1。

表 1 审计计划是否恰当及理由

事项序号	是否恰当（是/否）	理由
（1）	否	单个金额低于实际执行的重要性的项目汇总起来金额可能重大，需要考虑汇总后的潜在风险；对存在低估风险的财务报表项目，不能因为其金额低于实际执行的重要性而不实施进一步审计程序
（2）	否	不应由项目组其他成员确定通报内容，而需由项目合伙人确定通报内容
（3）	是	—

（2）针对资料2，具体分析详见表2。

表 2 会计师的做法是否恰当及理由

事项序号	是否恰当（是/否）	理由
（1）	是	—
（2）	否	存在导致对持续经营能力产生重大疑虑的事项，应当与治理层进行沟通
（3）	是	—

2. 具体分析详见表3。

表 3 审计计划和程序是否恰当及理由

事项序号	是否恰当（是/否）	理由
（1）	否	虽然个人快递业务单笔金额较小，但交易量巨大，整体金额重大，应当实施实质性程序
（2）	否	应收票据余额重大，仅检查应收票据复印件不能获取充分、适当的审计证据，注册会计师应检查应收票据原件
（3）	否	甲公司未与部分快递员签订劳务合同且未缴纳社保金，可能违反相关法律法规，注册会计师应当评价违法违规行为对财务报表可能产生的影响，与治理层沟通该事项
（4）	否	注册会计师应当评价前任注册会计师的独立性

参考文献

[1] 李晓慧. 审计案例与实训[M]. 北京：中国人民大学出版社，2012.

[2] 中国注册会计师协会组织. CPA 审计. 北京：中国财经出版传媒集团，2018.

[3] 阿尔文·阿伦斯，兰德尔·埃尔德，马克·比斯利. 审计学：一种整合方法（英文版）[M]. 15 版. 谢盛纹，改编. 北京：中国人民大学出版社，2017.

[4] 雷·惠廷顿，库尔特·帕尼. 审计学原理[M]. 19 版. 耿建新，刘松青，改编. 北京：中国人民大学出版社，2015.

[5] 秦荣生，卢春泉. 审计学[M]. 9 版. 北京：中国人民大学出版社，2017.

[6] ALVIN A. ARENS, RANDAL J ELDER, MARK S BEASLEY,CHRIS E HOGAN. Auditing and assurance services[M]. 16th. London: Pearson, 2017.

[7] Q RAY WHITTINGTON KURT PANY. Principles of auditing & other assurance services [M]. 20th. New York: McGraw-Hill, 2017.

[8] 陈力生，何芹. 审计学习题与解答[M]. 上海：立信会计出版社，2010.